微光小太陽

黃明雅 著

題字／黃為（作者母親）

謹以此書
獻給願意愛我、守護我的你們
以及那些渴望但尚未被理解的你們

一個生命不論多殘缺，只要懂得珍惜，仍能活出一番意義來。正如本書的主角，儘管所擁有的生命不完整，但是因為加以珍惜，仍能自滿自足，豐美無比。

林良

（知名散文家、《小太陽》作者）

Preface

推薦序

每個孩子都綻放著希望

鄒國蘇
（臺灣兒童青少年精神專科醫師、臺北市立聯合醫院兒童發展評估療育中心前主任、兼任主治醫師）

事隔十五年，意外得知當年看過的、奮力存活下來的，且經我診斷有動作、注意力發展遲緩、感覺統合失調的小小早產兒黃明雅，已在法國就讀音樂學院，且要出書了！對於能突破兒時困境順利成長的孩子，總是讓我十分欣喜。

早產兒——特別是出生體重越輕的，在幼兒期除了生理問題外，比起一般孩子更容易出現動作協調能力及注意力不佳、感統失調的現象。明雅在五歲五個月時由新生兒科許瓊心醫師轉介來時，也是評估診斷明顯有這些問題。在接受早療課程之後，她的動作發展有進步，但有些問題在日後多少仍會存在。另外一般而言，因著早產腦部、肺部等器官發育尚未成熟、缺氧缺血或醫療急救處置、家人的憂心焦慮等等可能因素，有些早產兒在幼兒期會有易焦慮、緊張、敏感、生氣、退縮或過動等所謂難帶養型氣質表現，明雅當時也有部分這些困擾。

其後在明雅的敘述中，我逐步了解到她從幼兒園到小學、國中成長的過程裡，除了知覺敏感、動作協調問題外，更困擾於人際關係的調節、與人的雙向溝通、特定的執著的興趣行為及敏感的情緒。令人深深感動的是，她是如此誠實、認真、努力地在認識著自己，持續地在觀察在思索。看到她因沒有分別心的善良熱心、不懂得察言觀色、不易體會別人的內心感受、不擅拿捏與人的距離及關係，而帶來的被排斥、嘲弄與被孤立，真的是讓人很心疼不捨。而這些看來疑似是亞斯伯格症特質的影響，很遺憾沒能早點診斷出來，讓她少受點苦。但是看到她歷經一次次挫折傷痛後，又再勇敢樂觀的站起來，超越、成長，甚至更充滿愛心地去幫助別人，真是感到欣慰及感動，這麼善良美麗的心靈！二十歲的年輕人能這樣清清楚楚的認識自己，明明白白的成長，一點也不含糊不迷糊，真是令人心生敬意。

另外，書中讓我看到明雅背後令人敬佩的父母，他們是如此堅強勇敢地迎接這個孩子的出生，一路走來艱辛地守護著她的生命，其後又以無比的耐心、愛心、智慧，陪伴安慰鼓勵孩子，並分析教導、培養她的優勢能力並為她尋找適合的環境。他們真的是孩子能破繭而出最重要的支柱，是孩子的守護天使。

再來是看到明雅在新竹竹大附小融合班的經歷，著實令人驚羨，這樣的環境正是適合各種特質的孩子學習及人格成長的地方，對那裡的老師們致上敬意，他們是真正的教育者。如果每個學校都能有這樣接納、包容、開放、溫馨的理念與態度，其實不會有任何孩子會有適應障礙的。

三十多年的臨床經驗，看了許許多多有困擾的孩子與家庭，常覺得這些孩子是上天派來教導及考驗人們的善念的，與他們相遇是我們的福氣！

Preface

推薦序

兩個老靈魂的邂逅

曲智鑛（特教老師、陶璽特殊教育工作室創辦人）

還記得某一次講完一整天的課，回到旅館、打開手機，就看到下面這段鼓舞人的訊息：

Dear 智鑛哥哥，您好：

我是 Miya，目前在法國念書。之前一直想找機會好好與您交流，但因為課業忙礙而沒有機會傳訊息給您。再來也是怕會打擾到您。常常默默地看著您在臉書上分享與孩子相處的點滴，除了覺得孩子和您的互動很是可愛之外，也看得出您是一位很用心的老師。其實會知道您，是一位亞斯朋友推薦的，他告訴我，您是他很敬佩的人。我是一個有感覺統合障礙的女生，小時候也曾待過新竹的附小融合班，因此對於特殊教育以及幫助有著「看不見的障礙」（亞斯伯格症候群、感覺統合失調、ADHD 等等，對我而言都是看不見的障礙）的大人小孩們，十分有興趣。目前希望朝兒童音樂教育，甚至是陪伴特殊孩童的音樂治療這方面走。我在法國念高中，傳這個訊息，只是希望釋出我對您的欣賞，或許有機會可以有榮幸與您交流。

當下我不知道是哪裡來的衝動，就跟明雅說我打電話給妳吧！電話接通後，我們兩個就像好多年不見的朋友一樣閒話家常！但這是我第一次聽到明雅的聲音。其實到現在我們應該還只能算是網友，至今彼此還沒見過面。明雅是一個內心有愛，且願意付諸行動的人，常會收到她鼓勵我的訊息：

智鑛哥哥辛苦了！看到您的貼文，真的是很棒的哥哥（超級好榜樣）。您正用您的方式造福孩子和家庭，很希望未來的我也可以如此。這不僅是家長和孩子老師們給您的信任，也是您努力得來的，是很難能可貴的殊榮耶！請繼續加油！我也會默默努力。希望以後能和智鑛哥哥合作。（P.S.希望暑假有機會可以好好認識您。）

Miya 敬上

我很榮幸也開心能幫明雅推薦新書，這本書是明雅這二十年來的成長史，是她最真實的生命體驗與反思，沒想到在這樣年輕的生命中可以有如此純厚的底蘊。讀這本書的時候就像是一位經驗豐富的老船長在和新船員娓娓道來他這一輩子的體會！說實在的，在第一次我與明雅通話的時候，我就隱約感覺到明雅的「獨特」，這可能是多年特教工作培養出的一種敏感度吧！看了明雅的書，更讓我確信我的直覺與對明雅的認可。她選擇向世人訴說自己的生命經驗，她希望這個世界因為她而變得更好！我相信當有人難過沮喪，看了明雅的書就會讓自己的變得有力量！就像明雅書中所說的：「就算人們再怎麼誤會自己、再怎麼討厭自己、再怎麼不屑與我相處，我還是可以努力地保持真誠和善良的本質。這麼一來，對方也會對我有所改觀，並且願意與我親近。」這讓我想起最近在去美國的飛機上，看了《傳奇42號》這部電影，電影敘述第 位黑人在美國大聯盟打球的故事。羅賓森在接近九年的大聯盟生涯中，維持了三成以上的平均打擊率，超過一百三十支全壘打！在種族隔離政策解放不久的年代，要頂住壓力，用球場上的好表現讓人認同，真是不容易的事！影片中有一段讓我印象深刻的對話，是這樣說的：

羅賓森對老闆說：「難道你希望你的球員沒膽反擊（面對不合理的對待）？」

老闆說：「我希望我的球員有膽不反擊，不用那種低格調的方式回應，而是用打擊、跑壘、守備來證明！」

我相信明雅就跟羅賓森一樣，用正向積極的態度，回應著生命中的困難與挑戰。我也和明雅一樣，知道在很多時候自己的所作所為無法在第一時間看見成效，無法使人們的世界立刻變得更好，但是我們從未放棄，只因深信眼前的努力，終有一天會得到回應。

每個巴掌仙子，都是生命的小鬥士。明雅從出生那一刻起就「過五關、斬六將」，為自己的生命奮戰；歷經一〇四天住院之後，繼續勇敢的向前走。她在成長的路上不斷地剖析自己，勇敢地做自己，及至二十歲，立志用自身的經歷現身說法成為助人者。相信這一位永遠的鬥士筆下真摯的文字會打動您。同時，我也要對明雅的父母致以最深的敬意。因為您們充分的支持與陪伴，才有今日朝向真、善、美邁步，優秀的明雅。

賴惠珍（早產兒基金會執行長）

一年多前，「心地好一點，霸凌少一點」收到明雅的來訊，當時她人在法國，對臺灣的校園輔導有很多想法與體悟，給我們不少建議，也讓我對當時芳齡才二十歲的她印象深刻。現在才知道，原來明雅持續筆耕，把自己的故事放在部落格，也計畫出版。透過她細膩的文字，我們完全能夠感受到她想傳遞的溫暖。希望正在閱讀的你也可以透過她的挺身而出、勇於分享，而帶著同理心去面對身邊先天不足、但仍努力走向光明的人物。因為，當你心有同理，看到的絕不會是缺陷，而是他們心中的小太陽。

彭仁鐸（「心地好一點，霸凌少一點」臉書粉絲團發起人）

從小，我常覺得自己跟別人不一樣，為此極度沒有自信，死命地想要擺脫自己，變成別人。長大以後才知道，世界上沒有一模一樣的人，每一個人都是獨一無二的獨立個體，也才慢慢開始學習認識自己，開始原諒自己，開始好好生活。

在《微光小太陽》一書中，明雅用輕鬆的語調描繪了她的成長。她對於日常生活的每一段細微體悟，提供給人們一種面對生命的新方式，也提供了面對生命的希望。

黃河（金鐘獎影帝、實力派演員）

Preface

作者序

寫給自己，也寫給翻開這本書的你們

我是誰？

我想要成為什麼樣的大人？

我能夠為這個世界做些什麼？

我找到自己的價值了嗎？

這是走過二十年人生的我，近來常常思考的問題。

出生時，我是個不足月的早產兒，住在保溫箱裡，好不容易才脫離險境。進入幼稚園和國小以後，我卻成了名副其實的小怪咖，言詞行徑讓人難以理解。中學的校園生活，更留下一連串傷心難過的回憶，但也正是此時，我認識了至今最好的朋友。

十七歲前夕，我在臺灣結束高一課程後，便展翅飛往未知的國度——法國，從巴黎輾轉搬到布爾日小鎮，在鋼琴老師布諾的指導下，對音樂的理解與日俱增。我和可愛的法國女孩們愈發變得熟悉，也開心地沉浸在哲學課裡，更幸運地遇見男友熊先生。

然而，就在一切看似順利時，我還是不免陷落，跌入尋求外界認同的迷惘深淵。我費了好大好大的心力，才結束那段身心俱疲、充滿矛盾的日子，跨出了在日後使我自己受益良多的一小步：趁著暑假回到臺灣，和小鈺、小柔在臺南房角石兒少關懷中心（編按：由社團法人房角石全人關懷協會成立。提供免費課後輔導班，以減輕弱勢家庭經濟負擔），陪伴一群兒童。這是一段短暫卻難忘的經歷，讓我重新思考自己生在世上的意義，彷彿有個堅強的意念，在我的心中悄然滋長。

我的人生，正因此而一點一點地明朗起來，我也越發明白自己是多麼的幸福。

從小到大，我的生命中就存在著令我摸不著頭緒、又不得不與之共存的困擾——**感覺統合失調及亞斯伯格特質**。它讓我身處在多數人不能了解的異樣世界，體會無法被人理解的難受，也讓我自幼年開始，便感受著被誤解的失落、受排擠的滋味，與無法融入群體的深層自卑。而在很長很長一段時間裡，我都不懂得如何向旁人形容這些真切存在的負面情緒。

隨著年齡漸長、心智稍微成熟，過往痛苦的經驗，反而成為我心中珍貴的體會。我發現自己很享受助人的快樂、喜愛與人交流時的溫暖，更在無形中培養了自我對話與思考的習慣，也願意對人付出多一些包容與理解。

感覺統合失調的問題，不再使我處處受到侷限，而是拓寬了我的眼光。

話雖如此，其實直到現在，它還是扎扎實實地存在於我每一天的生活當中。與感覺統合失調相似的特質，包括：亞斯伯格症候群、肯納症（自閉症）、ADHD注意力不足過動症（過動兒）與憂鬱症等等。它們都是一種人們「看不見的障礙」。感覺統合失調則是其中唯一一個還沒有實質定義為「病症」的現象。我想，不妨就把它稱做一種「特質」吧！是這般的特質，造就了如此的我。

那麼，我究竟是誰呢？

我是黃明雅、我是Miya、是孩子們口中的雅雅姊姊、是熊先生暱稱的小無尾熊。但是，名字不過只是中性的稱謂。

我到底是誰？

很多人都不曉得自己是誰，只在乎別人希望自己變成誰。父母希望我變成誰？師長希望我變成誰？同學希望我變成誰？朋友希望我變成誰？

沒有太多人會去思考自己究竟是誰。

我是誰？

我是一個容易相信人、容易欣賞人、容易喜歡人，容易為小事開心，喜歡笑、很脆弱、總是自責，總是第一個道歉，其實很自卑又沒有自信，想得太多，喜歡音樂，情感豐沛，希望能夠用自己微薄的故事鼓舞他人，衷心期望世人都能得到幸福，但其實偶爾仍會懷疑自己……

我是個一心想著變得更善良的二十歲平凡女孩。

我想要成為什麼樣的大人？

我確實是個大人了。如今的我，比起昨日，在思想上已經更加成熟。

但是，有時候我仍然感覺自己不完全是個大人。我想是因為自己還沒有開始賺錢、不能完全獨立，有些事情還是得問過父母，得到同意後才能進行，而這總是令我感到有點彆扭。也因著這一點，我始終覺得自己仍不完全是個大人。

然而，成為大人以後，就意謂著變得更自由嗎？

好像也不是。

如果我真的是個大人，我希望自己能成為孩子們的亮光。

我好想成為他們的守護者，不只是雅雅姊姊或是一位老師，而是如同朋友一樣無話不談、可以倚靠的存在。

我能夠為這個世界做些什麼？

我明白，在成為孩子的守護者之前，我應該盡可能地充實自己。打從這個學期一開始，我就把自己的作息時刻都安排好，努力練琴與學習。我知道我該做些什麼。

儘管剛開始必然會有些不習慣，碰上困難時，也會被自己的信心不足給重重打擊，但是我相信一切將會愈來愈好。

因為，我希望自己的這一生，能夠留給這個世界一盞亮光。將自己過去所得到的經驗化為養分，獻身於孩子們的品格教育或音樂教育；當然，也包括為早產兒及感覺統合失調的孩子們開設特別的啟發教室等等。

即使對這個世界上多數的人來說，我還是個全然的陌生人，但我衷心希望，我所做的事情、我即將很努力很努力去實現的事情，能夠在知道我、聽見我的每一個人心中，留下溫暖、留下愛。

而我所生活的世界，就是此刻正在閱讀這本書的你們所共同存在的世界。

我找到自己的價值了嗎？

在某種層面上，我可以說找到了自己存在的價值。

那意味著，我能夠清楚地看見自己的優點、勇敢地面對自己的缺陷，也知道自己未來即將走的道路，還有愈來愈清楚的願景。

隨著這一切的逐漸明晰，使我確知我找到了自己存在的價值。

然而，我想最要緊的是如何去維持並呵護這份價值。

今天的我，正需要格外的努力，才能夠確保往後的我能夠站在夢想的道路上。

CONTENTS 目次

PART 1 TAIWAN

PART 3

THINKING

Father's Letter

爸爸的話

親愛的雅，

妳說要寫一本書，紀錄這二十年來的所見所思，當成是自己成年的生日紀念，並邀請我為妳寫一篇序。其實這篇文章與其說是書序，不如說是身為妳最親愛的老爸，在妳年滿二十歲時，想要對妳說的一番話。

從小，妳就是個讓人心疼的孩子。也許是因為早產導致的感覺統合失調、亞斯伯格等特質，妳在人際關係與情緒的耐受度上，經歷著比一般孩子更多的挫折。而當妳越是渴望得到友誼，妳的過度期待就成了一股壓力，使原本喜歡妳的朋友們，一個個從你身邊躲開。

妳常沮喪的問我，為什麼大家不喜歡和妳做朋友？是不是因為妳是個壞小孩？然而，妳總是希望善待身邊的每一個人、總是樂意伸出友誼的手、總是希望跟大家分享，妳怎麼會是個壞小孩？

這個問題在妳成長的過程中困擾了妳很久。直到妳滿十八歲時，我陪妳回顧了一路走來的點點滴滴，帶妳去認識因為感覺統合問題等而導致的現象。那時，妳才開始慢慢地瞭解自己，也終於能夠對心中的疑惑漸漸釋懷。我還記得妳對我說，希望能以自己的成長經驗，幫助一些和妳有同樣困擾的孩子；妳想要成為一個很棒的大人！透過這本書，妳紀錄下一步一步朝向這個目標前進的過程。

我一直覺得上天特別眷顧妳和我們一家人。感覺統合障礙所產生的種種挫折，造就了妳比一般小孩更早、更深入的去思考人生的意義、自身的價值，以及長遠的目標；也讓妳立定志向要做一個主動付出關懷的人。當然，凡事總是一體兩面，過早地思考「人生」這個高深的命題，也許會讓妳在思維及實踐行動上，更快地嚐到挫敗，也難免跌跌撞撞。

但是爸爸相信，對妳而言，這是個可貴的過程。這段時間我也確實看到妳的成長，就如同妳書中所記錄的一樣。

雖然妳曾經是讓人心疼的孩子，然而看著這幾年來，妳一個人在國外生活的所見所思，我必須說：妳真是個讓我非常驕傲的孩子。

從前，爸爸老愛嘲笑妳是愛哭娃、玻璃心，面對挫折的時候，不堅強。這兩、三年，妳隻身在外，面對許多障礙和困難，妳證明了自己，總在關鍵的時刻無比堅毅！因此，老爸相信妳確實能像小太陽一般存在著。更由衷地希望，這本書除了作為妳成長的紀錄，也能夠帶給世上的孩子們一些鼓勵。

爸比

二〇一六年　寫於臺北

PART 1
TAIWAN

從出生直到十七歲的夏天，我在臺灣竹北及臺北兩地度過了求學的生涯。我的生命得來如此不易，而感覺統合失調、亞斯伯格等特質，更讓我提早歷經生活及人際相處上的徬徨，從而踏上了找尋自我的旅程……。

TAIWAN 1

藍色收音機

一九九六年十一月十一日，臺北馬偕醫院的病房裡，一群醫護人員正忙得不可開交。因為九三二公克的我，正迫不及待想從媽媽的肚子裡蹦出來。是的，蹦出來。由於早產的緣故，媽媽在毫無心理準備的情況下，剖腹生下了我。辛苦媽媽了。

聽爸爸說，我出生時身體小小的，只有兩個手掌那麼大。爸爸這麼說的時候，我抓住他厚厚的手掌來模擬。哇！真的好小好小喲！這麼迷你的嬰兒！我不禁讚嘆起生命的奧妙。

才剛出生不久，小小的我馬上就被放進人生中第一個家：保溫箱。

我身體裡的每個器官，都比足月出生的寶寶來得小，因此也更為脆弱。尤其是肺泡尚未發育完全，我的呼吸和心跳也極為微弱，必須仰賴呼吸管才能維持足夠的氧氣。由於這條管子從我的右邊鼻孔伸入，自此，我的臉上便留下一個「愛的印記」：一個鼻孔小缺角。

這個印記在我此後的成長過程中，為我招引來了許多疑惑的目光。即便如此，它就如同胎記一般，總是提醒著我，當我還是個小嬰兒時，有多少醫護人員徹夜辛苦地看顧我、為我擔心。因此，我不曾想過要去修補這個愛的缺角。

其實，在我尚未出生以前，醫生叔叔就提醒我的父母，我出生後存活的機率很小，可能一生下沒多久就會死掉。他說，我若被生下來，只會徒惹父母傷心，實在不值得冒此風險。而這一番話，著實也讓我的父母感到難過，但是他們並沒有放棄我，而是堅持把我生下來。於是，也才有了今天這個健康、快樂的我，坐在這裡敲著鍵盤寫故事。

每當想到這裡，我就非常非常地感謝，感謝父母給予我來到人世間的機會，讓我有機會遇見往後人生中每一位重要的人。

早產兒的發育，自然比普通孩子緩慢許多。我必須住在保溫箱裡好久、好久，才能被接回家中，與家人們團聚。而我孤單地待在保溫箱裡的這段時間，陪伴我的，是一台藍色收音機。那是我的父母因為不能時時刻刻陪在我的身邊，怕我一個人太過寂寞，而特意為我準備的神奇機器。這台收音機中，隨時都流瀉出美妙的樂曲。

會不會就是因為這台藍色收音機，讓我長大後如此的喜愛著音樂呢？

上天在我一誕生時，就為我安排了無數的試煉。身為一名早產的小鬥士，我人生中的挑戰很早便已開始。不論是健康問題，抑或是人際關係。從兒時開始，直到我往後未來的日子，考驗也許只會更多。不過，就算我曾經體會各種失落與難過，我現在知道，它們能使我從中學習，讓我的心變得更堅強。正是這大大小小的經驗，我才有這麼豐富的想法和故事能夠與人分享。

TAIWAN
2

請把我生下來

爸爸告訴我，我出生的前一晚約莫凌晨一點左右，媽媽肚子突然一陣劇痛。當天凌晨四點，爸爸本來要搭飛機回香港工作，沒有想到我竟急著提早來報到。他們倆急忙到了醫院，護士為媽媽打了好幾次安胎針。媽媽當時懷孕才滿二十七週，而在這個階段將嬰兒生下來，實在太過危險。大家都在心中默默祈禱，希望我不會那麼早就出生。但是媽媽每隔幾小時打一次安胎針，無論如何也壓不住我的迫不及待。

主治醫師眼看媽媽的身體愈來愈難以負荷，便建議直接把小孩拿掉。

我的爸爸問醫師：「我們在書上讀過，二十七週的嬰兒生下來，應有九十％的存活率。為什麼醫生建議我們要將孩子拿掉呢？」他們心想我還是可以存活，不願意接受這項提議。

醫師告訴他：「九十％的存活率，並不表示孩子可以順利成長。身為父母的你們能否試著想像，若是生下這個孩子，未來得面臨多少的困難？」

爸爸認為醫師是專業的權威，所以，當醫師說出那段話時，有那麼一瞬間，爸爸的腦中一片空白，他幾乎就要接受醫師的提議。

只有媽媽的神情依然冷靜。她絲毫不受動搖的對眼前的兩個男人說：「我要把小孩生下來。」

這個決定，不僅顛覆了醫師的專業意見，也讓爸爸不再隨之猶豫。

不過，當初這家醫院沒有相應的醫療設備可以照料二十七週大的早產兒。他們連絡了臺北馬偕醫院，將媽媽送上緊急救護車，轉往馬偕醫院生產。

到了馬偕醫院，那裡的醫師已在門口等著我們。然而，當晚醫院的病房早已客滿，醫師再為媽媽打了一次安胎針，並且判斷必須要立即剖腹，否則媽媽和我都會有生命危險。

爸爸為媽媽填寫剖腹產同意書後，醫護人員便盡速將媽媽推入手術室。爸爸來不及與媽媽說上什麼話，只能一個人在手術室外焦急地等待。不久，我的阿姨及大伯伯等親戚都趕到醫院幫忙。

約莫等待了兩個多鐘頭，手術室的門終於打開。我被放在保溫箱中，從裡面推了出來。爸爸第一眼看到我時，心裡忍不住驚嘆我是如此地小。我的身體，大概只有爸爸的手肘那麼長吧！但是爸爸還是覺得我長得好像他。

就這樣，我們父女終於見了第一面，只是為時甚短。醫護人員將保溫箱送往新生兒加護病房。醫生要爸爸先在加護病房門外等候，爸爸說，他這時忍不住胡思亂想了起來。他想著，是不是醫生要觀察我的狀況好壞，假如狀況不好，他得重新抉擇是否要把我留下來？

想到這裡，爸爸心中暗自做了決定：他不會告訴媽媽，也不會告訴其他人，他願意讓我回去當個無憂無慮的小天使。但為了不讓大家傷心，他會告訴大家是我自己先離去了。因為，他想到我得辛苦的活在世上，並且讓媽媽承受隨時可能失去孩子的痛苦，寧願讓這一切不要開始。

幸好只是爸爸想得太多。況且臺灣法律也規定，嬰兒一旦呱呱墜地，就被賦予了生存的權利，即使是醫生或家長都不能剝奪。醫生要爸爸在外等候，是希望在第一時間告知我的狀況。後來他告訴爸爸，我的肺泡還未發育完全，無法自主呼吸，可能會留下後遺症，並請爸爸要有心理準備。幸運的是，那時剛好有一種新藥能幫助改善我的情形；醫生先幫我施打了藥劑，而爸爸則不敢想像未來。

TAIWAN
3

保溫箱小孩

在爸爸的印象中，我住的嬰兒加護病房裡一共有四十一個床位，我是其中最輕最小的嬰兒。

九三二公克的體重，在當年的醫療水準下，可真是考驗醫護人員照料的用心。當然，二十年以後的今天，比我還要輕、還要脆弱的嬰兒，都已經能夠平安出世長大了。我那時因為嚴重脫水，體重還曾一度下降到七百多公克；由於器官發育不完全，也沒有辦法好好進食，必須等待一段時間讓各器官長成，才可以開始喝母奶。

媽媽每天都會預先保存母奶，她說，母奶對小寶寶是最好的食品。

至於我的第一餐，則是0.3 c.c. 的母奶。雖然只有一滴，爸媽卻開心不已。

在我住在保溫箱的那段期間，醫師陸續與我的父母討論日後的問題。由於早產兒的腦部器官發育也受到影響，即使身體健康長大，我可能還是會面臨學習遲緩、腦部病變等問題。每個器官的長成過程中，都有重重關卡，譬如在保溫箱中吸入過多氧氣，導致血管增生、視力可能會嚴重受損；肺泡還未發育完全，可能導致呼吸系統不健康；胃部的發育尤其緩慢，可能有進食困難；皮膚的發育遲緩，也可能會引發「體感知」和調節問題等等。

爸爸說，我住在保溫箱的那段時期，家屬只能在每天早晚各十五分鐘的時間內探視我。每一天，護士長看我身體漸漸的長大，她告訴我的父母我正朝著樂觀的情況發展。當年照顧過我的醫護人員，都說我是個勇敢的生命小鬥士。全身不舒服、不在媽媽溫暖的懷抱中，還有身體器官長成的種種難關，我都一關一關地克服了。我的腦部、呼吸器官、腸胃以及皮膚都發育得很不錯，除了眼睛做過兩次冷凍治療，一切還不至於太糟。

在保溫箱住了幾個月後，我的體重終於首度超過兩千公克。醫生們也很欣慰，他們通知父母，是時候把我接回家了。

但是即使出院了，我仍然很脆弱，因此必須背著氧氣筒和血氧監視器。我只要稍微移動，監視器就會發出警報聲，當血氧有變化時，就必須立即送醫搶救。接我回家的那一天，爸爸看見媽媽凝重而嚴肅的表情，他說媽媽彷彿是一位接受重大考驗的女戰士，而他從未見過這種神情。

爸爸當時仍然在香港工作，只能請假幾天照顧我，之後便要回香港繼續打拚。

將我接回家後，他們每晚都不怎麼能入睡，因為隨時都要待命，檢查我的身體狀況、查看血氧是否有變化。爸爸幫我洗澡、更換氧氣筒時總是一陣心酸，也心疼媽媽要獨自辛苦地照顧我。

為了不讓媽媽跟著傷心，爸爸只會在媽媽不在旁邊時才會默默釋放情緒，流著淚，不發出聲音。常常，爸爸看著鏡中自己哭得扭曲的臉，心中覺得這一切是他最難熬的經歷；以往他不管在學校或職場上遇到什麼挫折，都還是能盡力解決，但是，他要如何面對我的出生？又該如何面對接下來的各種難關？那時，他突然意識到，有些事情就算努力，還是很不容易。

我的外婆當時也非常煎熬，但是她也從不在媽媽的面前掉眼淚。

爸爸和外婆都想著，自己是媽媽的心理支柱，不能因為自己的情緒，而造成媽媽的心理負擔。他們每一個人都努力地克制著自己的悲傷。

我長大以後，發現爸爸對媽媽特別的好。爸爸告訴我，因為媽媽對我、對這個家是如此無悔的付出。在我兩歲生日那天，爸爸寫了一張小卡片給我，希望等我長大一些後，能夠用以提醒並告誡我，在生日時不能跟父母要禮物，反而應該準備禮物給媽媽，紀念她對我毫無保留的付出。

離開保溫箱後，媽媽得定時帶我回醫院檢查、施打預防針。媽媽一手抱著我，一肩背

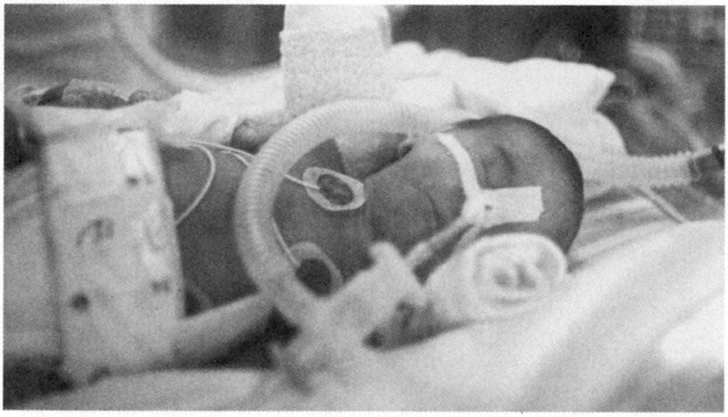

01

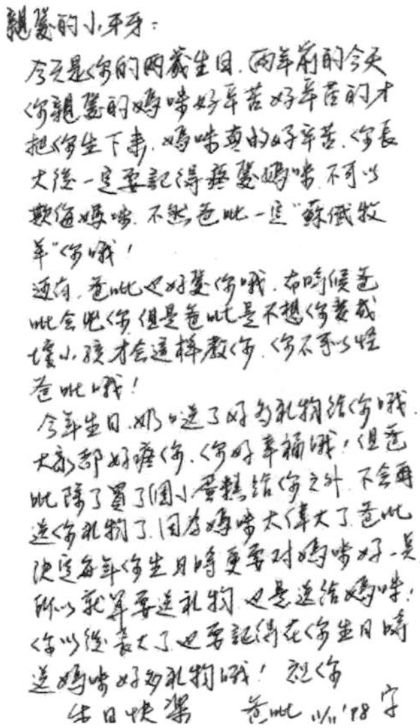
親愛的小芽芽：
今天是你的兩歲生日，兩年前的今天
你親愛的媽咪好辛苦好辛苦的才
把你生下來，媽咪真的好辛苦，你長
大後一定要記得孝順媽咪，不可以
欺負媽咪，不然爸比一定"蘇俄牧
羊"你哦！
通常，爸比也好愛你哦，有時候爸
比會兇你，但是爸比是不想你變成
壞小孩才會這樣教你，你不要生氣
爸比哦！
今年生日，奶奶送了好多禮物給你哦，
大家都好疼你，你好幸福哦！但爸
比除了買了個小蛋糕給你之外，不會再
送你禮物了，因為媽咪太偉大了，爸比
決定每年你生日時要對媽咪好一點，
所以就算要送禮物，也是送給媽咪！
你以後長大了也要記得在你生日時
送媽咪好多禮物哦！祝你
生日快樂　爸比 11/11 '98 字

02

03

01 住在保溫箱裡的我。　02 爸爸在我 2 歲時寫的卡片。　03 媽媽與我。

著厚重的包包，裡頭滿是我的用品，還有另一隻手得拖著二十公斤的氧氣瓶。

聽說有一回打預防針時，我哭得很厲害，哭到身體都發黑了。那時有一位許瓊心醫師剛好看到，便叮嚀媽媽趕快帶我到急診室去。

於是，我被送入了加護病房。

當時許醫師雖然不是我的主治醫師，但她仍在門診結束後，特別抽空到嬰兒加護病房，探望哭成了小黑炭的我。

此事過後，媽媽詢問許醫師能否擔任我的主治醫師。許醫師平常行程很滿，因為她實在是一位太棒的醫師了，總是把病人當成家人一樣付出關懷。因此在一般的情況下，很難掛上她的門診。

許醫師給了媽媽一張蓋有她職章的紙，讓媽媽可以順利地掛上她的門診。

等我大了一些，每隔一段時間，媽媽還是會帶我回去給許醫師做例行性檢查。

許醫師，以及我在保溫箱時期，那些看顧我長大的護理長和醫師護士們，都是我心中深深感謝的人。

TAIWAN 4

感覺統合失調

在我大約五歲時，當時在臺北市立聯合醫院兒童發展評估療育中心服務的鄒國蘇主任醫師發現我有感覺統合失調與注意力缺失等情形，她建議我的媽媽讓我開始接受職能治療。

早產兒的腦部發育比一般孩子遲緩，本來就容易出現感覺統合方面的問題。例如我的「觸覺防禦反應」就特別的明顯。每個星期，媽媽會帶我到婦幼中心樓下的感覺統合教室，接受早產兒以及感覺統合相關的追蹤與訓練。

直到現在，我對於當時的訓練還留著清楚的印象。我常會被安排坐在一台電腦前面，看著螢幕上出現的字母，然後在鍵盤上按下對應的字母按鍵。這個練習對於當時的我來說非常新奇。

那麼，我的感覺統合失調，究竟都是些什麼樣的情況呢？譬如我不喜歡赤腳走在沙灘上的觸感、也不敢坐滑板車從斜坡上往下溜，還有抗拒旋轉等等。這些小孩子們最喜歡玩的遊戲，對我來說簡直是痛苦不堪。

對我而言，踩在沙子上，就像穿著一雙進了小石塊的鞋子走路般，非常的難受。我非常抗拒這種走在顆粒上的感覺，完全無法在沙灘上走路。所以至今我對海邊還是能免則免，盡量不靠近。

可是，幼小如我，內心其實依然渴望能體會一般小朋友都喜愛的遊戲。

小時候去遊樂園，我常常負責看顧同學的隨身物品。我心中當然也很想嘗試遊樂設施，於是常常先被同學說服，但中途仍然害怕得逃走。這些行為，著實令身旁的同學感到掃興與不解。

此外，我也表現出亞斯伯格特質。比如我對語言和情緒的感知有時比較遲鈍，令我不容易察覺到他人的意思。小時候的我，常常沒有發現到其他小朋友對我不耐煩了，或者不高興、不舒服了。可是，愈是有距離，我就愈渴望能跟其他小朋友玩在一起。

印象很深的是有一次我們全家與其他的家庭一起去採橘子。

那天我正和一個朋友玩得起勁。結果有一群孩子走過來，「邀請」我和我的朋友一起玩。他們沒有想到，我當下的反應卻是生氣！

我拋下所有的人，自顧自地躲到一旁難過。

因為，其他孩子友善的邀請，對我而言，意味著「我的好朋友要被搶走了」。我覺得飽受威脅。

爸爸告訴我，那時他的心情真是五味雜陳，不知該拿我如何是好，但又感到心疼。怎麼我不但沒有像其他孩子一樣欣然接受邀請，一起玩耍，反而是受傷地避開其他的孩子呢?爸爸只能遠遠地看著我、陪著我難過。他說，那時他實在想不到有什麼法子，能讓我理解一般人和我在想法上的差異。

媽媽也有一段相關的往事。她身為合唱團的行政老師，曾經帶著合唱團的小朋友和我，到韓國參加國際兒童合唱節。

那時，我和從小在合唱團結識的好朋友小婷發生了一些爭執。

在韓國參加活動的某一天，小婷私底下去找我的媽媽。她說她真的很喜歡我這個朋友，可是，我的友情時常讓她備感壓力。

爸爸事後對我開導，他說，朋友所感受到的壓力，其實就是我不懂得察言觀色所造成的問題。有時，我對於有興趣的事情，會一直不間斷地提起，卻沒有察覺聽者已經厭煩了。我對友誼的特別期盼，也造成朋友與我相處上的壓力。當我對一位朋友越是喜歡、我投注的心神就越多，相對的，我也就越期待對方能夠如我喜歡她一樣地也喜歡我。

比起團體的友情，我似乎更偏愛一對一的黏膩。殊不知，並不是所有人都喜歡黏膩的情感。

TAIWAN 5

找不到回家的路

我對周遭環境的感知也十分遲鈍。爸爸說，當他開車載我到某些地方去，我們走了哪一些路線、經過了哪一些地方，我常常都表現得一無記憶。我的感知系統似乎只對我所在意的事物發揮作用，而周遭的環境，往往就會被我忽略。

有一次，我在家的附近迷路了。

對於這一件事，爸爸一直感到無法置信，為什麼每天經過，理應感到熟悉的街道，我還不知道怎麼走回家？這是我忽略環境一個很經典的例子。這一切，都反應出感覺統合障礙所衍生的狀況。

TAIWAN 6

遊戲治療

在我的記憶中，感覺統合的治療和訓練並不枯燥乏味，它們大多既好玩又有趣，也因此，我渾然不覺那是種訓練或治療，還以為是在玩遊戲。即使某些時候，我會對某些動作感到懼怕。

有一回，我在訓練中練習攀爬類似國小遊戲場上常見的橫槓樓梯。由於高度愈來愈高，我開始覺得害怕，不敢再往上爬。但是為了訓練，我得繼續到達最高處。只記得我突然眼前一黑，就這樣暈倒了。摔跌下來的我，當下痛得放聲大哭。自此我對攀爬更為恐懼，學校裡的體育課，只要是室內攀岩之類的活動，都會令我嚇得直冒冷汗。

而由於我連簡單的接球、丟球動作都有困難，所以這也成了訓練的一環。

陪伴我訓練的職能治療師阿姨，常常會拋給我一顆黃色的塑膠球，等我接住，再回擲給她。我害怕被球打到，也害怕接不到。丟擲時更是軟弱無力，無法精確地瞄準方位，球常常砸偏到一旁的牆壁上。在這種時候，我就會感到莫名地失落。而直到現在，我也還不能好好地做接丟球的動作，不必說，像籃球、排球這一類校園運動場上經常出現的充飽著氣的巨大球體，有多麼令我膽怯了。

雖然如此，接受治療時，還是有很多美好的記憶。當我一步步克服對乘坐滑板車滑下坡道的恐懼時，我就覺得很有成就感。

我本來對於趴姿一直懷著恐懼，只要趴在滑板車上，想著要頭朝下地往下坡滑，就會感到莫名的頭暈。不過，職能治療師阿姨們與老師都一直鼓勵我，耐心地等我反覆嘗試。

每當我再試一次，就得再度拿出勇氣克服自己的畏懼。因為對我來說，這真是一件很困難的事情。但最終，我仍努力地達成了，也因此感到很開心。畢竟，我內心也渴望像一般小朋友一樣，能夠無畏地玩著遊樂設施、跑跑跳跳、攀爬到高處。

我最喜愛的玩具是一台需要扭動肢體才能移動的小車。那台小車子，嚴格來說應該不算是訓練的器材，因為那是我每一次等著媽媽與職能治療師確認當天要做的訓練，以及聽職能治療師說明訓練後的狀況時，也就是療程開始前和結束後的這兩個時段，才有時

間玩的器材。

但我似乎從來不曾問過媽媽，為什麼我要到這個地方、做這些訓練。對兒時的我而言，這就是一些遊戲。雖然在這些「遊戲」之中，也有我所懼怕、厭惡的體驗。

我想，我是在成長的過程中，在一而再、再而三的瓶頸中，慢慢發覺到自己和他人的「不一樣」。比起父母從我一出生開始就永無止盡的憂心，身為孩子的我，從沒想過自己與他人其實不同。爸爸直到我十八歲時，才與我談及感覺統合障礙方面的問題。在此之前，我老是難過著自己的狀態、否定自己，並且因為朋友常不知為何離我而去、在校內被同學誤會、被嘲笑甚至厭惡的處境，而感到傷心。此時的我實在過於脆弱，爸爸害怕我得知後會變得更憂鬱，因而沒有更早告訴我這一切。

如果我們的社會不再特地去界定何謂「不同」，何謂「正常」，孩子的成長過程會不會比較順遂呢？或者，如果我們不是極力地希望扭轉、希望「治癒」孩子，而是去陪伴孩子試著接納自己的不同、進而內化成一股獨特的自信力量，孩子們會不會快樂一些？

當然，外力的幫助，例如用藥、心理諮商、訓練與治療等等，都是可行的辦法。因為身處於社會，我們無論再怎麼希望保持獨特，仍然得為了體貼他人、為了「融入社會」，甚至是為了保護自己免於受到不公平的對待，而試圖去理解旁人看世界的角度。

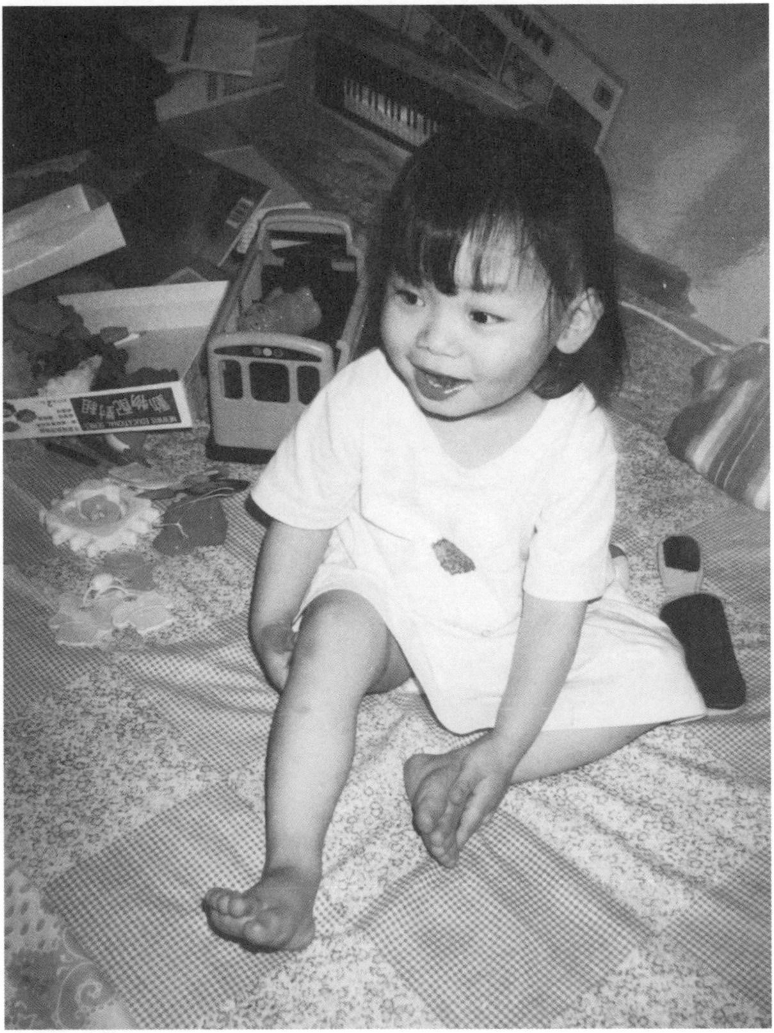

小時候的我。

其實，現在回想起來，感覺統合的治療經驗，是非常難忘也可愛的一段回憶。當我了解到自己正在進步，慢慢地進步，即使每一次訓練只有0.05%的進步，那仍然是一種前行。只要有一點點的進展，就能夠擁有足夠的動力往前走下去。所以，我感謝自己能有那0.05%的進步。

TAIWAN 7

幼稚園裡的小麻煩

到了一定年齡，翅膀長得慢了點的我，終究還是得離開媽媽的懷抱，去幼稚園上學。第一次去幼稚園，我竟然既沒有哭、也沒有鬧，更沒有巴著媽媽要她別離開，而是冷靜地跟著幼稚園老師走到教室，留下其他新生在原地哭鬧不停。

每天每天，我都冷靜地跟在老師的屁股後面，一起走進教室。可惜好景並不長，兩個禮拜後，我終於「打破沉默」，開始哭鬧、拒絕上學，就像多數小朋友進入幼稚園生涯時理應有的反應。

到了第二個星期時，我竟然開始哭鬧。這其中一定有什麼特定事件，讓我產生了排斥的心理。尤其是與人際關係相關的事件。

一開始，我在幼稚園裡有一兩位要好的朋友，我老是纏著她們，無時無刻都想和她們黏在一起。

其中有一個女孩和我是班上吃飯吃得最慢的兩個人，直到午休時刻，我們還是繼續吃飯，只不過改成一邊罰站一邊吃。我們維持著還算不錯的友情，直到某天她轉學了，記得好像是去了新加坡。

另一個女孩叫做小瑜。直到中班的時候，新同學小葳轉入了我們班，與小瑜越來越要好。小葳常在我想找小瑜玩的時候，把她拉到一旁，她們兩人越是熟悉，我心中就越不是滋味。

記得那是一個用完午餐的下午。幼稚園規定小朋友吃完午餐要自己洗碗。我在洗碗的時候，小葳碰巧走了過來，準備清洗她的飯碗。那時，洗手台上只有一塊肥皂，所以我走到小葳旁邊，想要拿放在她附近的肥皂。

我悄悄來到小葳的身旁，並不想跟她說話，因為我知道她不是很喜歡我，而我心中也對她有些疙瘩。

正當我伸手準備拿肥皂時，我注意到小葳的手也伸了過來。她沒有注意到我已經把手放在肥皂上了，在那一瞬間直接碰到了我的手。由於觸覺防禦機制啟動，我下意識的反應是想要掙脫。可是，我卻緊握著肥皂，往後方脱逃。不幸地，我的綠色不鏽鋼碗就這樣不偏不倚地敲上了她的鼻樑。

小葳狠狠地瞪了我一眼，斗大的淚珠同時一滴滴落下。她的哭聲響徹整個洗手台邊，直到老師急忙地跑來查看。

小小聲地，我向她說：「對不起，我真的不是故意的。」

但是，小葳忿忿地邊哭邊瞪我，她說：「明天我要帶我的媽媽和阿姨來！」

我聽到她說要帶她的媽媽和阿姨來，還以為只是字面上要帶她們來的意思，並不知道其中語帶威脅。然而就算我的感知再怎麼遲鈍，也意識到這次事情大條了。小小的我，明顯地知道隔天一定會發生什麼可怕的事情。

不鏽鋼碗事件的隔日所發生的場景，我到現在都還記憶猶新。

隔天，小葳的媽媽和阿姨找上了學校。不，更精確地說，是找上了我。那時她們兇悍的眼神，我到現在都還忘不了。但是最難忘的是當時班上的老師一直陪在我的身旁。她可以感受到我的懼怕與緊張，而我也感覺到她為我擔心。面對著兩位女士加上一位小女孩嚴厲責備且極度不愉快的視線，我開始無法克制地發抖，眼淚滴滴答答地落在地面，如同散掉的串珠手環。後來我的老師是如何處理這起事件的，我已經不很記得了。但是面對人們的逼視，不讓我有解釋機會的那種無助感，卻深刻地烙印在我的心中。

那時候，除了小瑜之外，我在班上沒有其他的朋友。

長大以後，有一次我翻開收藏在奶奶家的幼稚園連絡本，裡面有一頁，是媽媽與老師溝通詢問的筆跡。

「雅雅今天帶糖果與小朋友們分享，」媽媽寫道：「但回來的時候，她告訴我其他小朋友都不願意吃，說她帶來的糖果有毒。老師，是不是雅雅有甚麼社交障礙，導致這些小朋友不願意跟她玩？」

媽媽的一字一句，都顯示出她的憂心和疑惑。

而這則連絡簿的通訊，也預告著未來，我還有更多更多人際關係上的挑戰需要面對。尤其當孩子日漸長大，在半大不小的年紀時，更懂得如何表達對旁人的排擠。

TAIWAN 8

公益演出

在幼稚園到小學一年級之前，我第一次上台表演。

二〇〇二年一月十八日，早產兒基金會舉辦十周年紀念會，我和其餘三十位早產兒小朋友，受邀到「東森YOYO 點點名」的攝影棚錄影。那時，蘋果姊姊和水蜜桃姊姊還在YOYO TV，而那一天香蕉哥哥和西瓜哥哥也陪著我們。

在我有些些模糊的記憶中，攝影棚後台放著一片森林布景，哥哥姊姊們笑容滿面地迎接我們，帶我們一齊唱歌跳舞。不過我卻一直分心注意不斷移動拍攝的大攝影機。

當時我們這群幸運的孩子之所以能夠受邀上節目，除了慶祝早產兒基金會十周年之外，還有一個令人鼻酸的原因。由於東森慈善基金會的董事長蔡咪咪女士曾經失去早產兒寶寶，她為了扶助育有早產兒的家庭而特別以節目做為支持。

錄影前，主辦單位寄了一張活動上使用的音樂光碟，裡面有一首歌，我至今仍記憶猶新。曲名是「彩虹的約定」，由母親與孩子對唱，歌詞與旋律都很美麗。那一首曲子在錄影的現場也有播放，我後來還會不時想起。

那一天錄影結束後，回到幼稚園，我頓時變成班上老師和小朋友們羨慕的對象。

我還記得有同學跟我說：「好好喔，可以去錄影！」而那一個個羨慕的表情，讓我覺得好開心。突然間，我覺得自己受到認同了。

爸爸告訴我，我幼時對負面情緒如批評、指責、挫折和壓力的承受度很差，再加上感覺統合失調的經歷，使我極度渴望得到更多的認同和讚美。但是因為沒有自信，我常陷入「渴求讚美的同時，卻又潛意識地排斥它」的矛盾心理。也因此，我時常在他人讚美我時感到萬分開心，然而開心過後，我便又開始懷疑對方是不是在安慰我，覺得自己不配得到這些肯定，而落入負面情緒之中。這或許就是我極度尋求他人認同的開端。

第二次公益演出經歷也非常有趣。那次二〇〇三年四月十二日早產兒基金會及衛生署於木柵動物園主辦的一場「兒童健康博覽會」。我在博覽會上，與草莓姊姊一起帶領台下的小朋友帶動唱。

依稀記得，當時要洽談合作事宜時，我和父母被帶到一個辦公室裡。我想那裡應該是早產兒基金會。辦公室裡的阿姨給了我一張貼紙，並問我要不要跟草莓姊姊合作，帶領其他的小朋友跳舞。她還告訴我，表演結束後，我可以得到一隻小袋鼠玩偶做為獎品。

由於那隻玩偶，我終於點頭上台表演。

不過，當我回到家後，發現除了小袋鼠玩偶以外，還有另一份小禮物。那是一本繪本，描述一名小男孩的媽媽即將要再生下一個弟弟，而小男孩的弟弟，是一位早產兒。繪本上有溫馨的插圖、感人的故事，讓我認識了早產兒家庭的心路歷程。

從那時起，我才認識了保溫箱，也才知道，原來小時候我受了這麼多人的照顧。這是我第一次參與公益活動，因為那本繪本帶給我的感動，我悄悄地萌生了希望幫助人的念頭。而我也隱約知曉，在我未來的人生中，想要幫助他人的心，只會越來越茁壯。

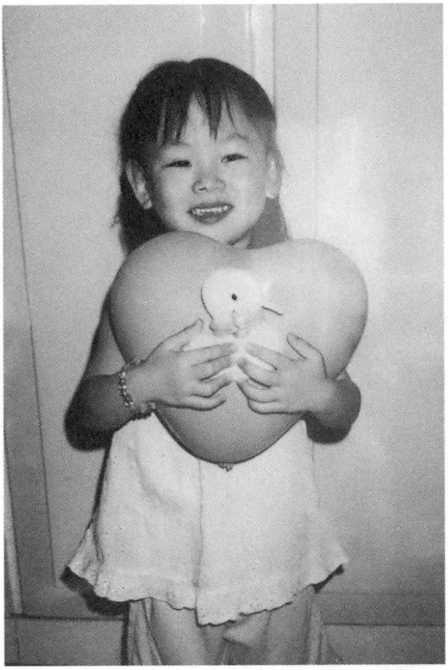

公益演出的經歷，在我的心中萌芽。

TAIWAN
9

轉學到融合班

國小一年級，我上學的第一天，就給媽媽帶來難過的消息。

聽小伯伯說，我第一天上小學的放學時刻，班導師便告訴媽媽，她認為我的狀況過於「特殊」，應該要轉到特殊教育機構，否則我可能無法在正常班級裡學習。

於是，小學一年級才剛報到沒多久，我便照著老師的安排，平時留在原班級上課，下午到傍晚的時間轉到資源班上課。

那時的我對於學校裡的老師來說，是個讓人頭疼的小麻煩。

升上小學二年級時，我轉學了。

但是我的狀況並沒有改善，小學二年級上下學期，仍是在老師頭痛、同學敬而遠之的狀況下度過。

其實我對於國小一、二年級的印象，除了資源班、定期去醫院做感覺統合治療練習，以及和同學相處上的不愉快之外，便沒有其他的記憶了。

直到小學三年級，爸爸和媽媽終於在多方查詢下，找到了另一間合適的學校，一切也在此時有了轉機。

那是一所很特別的小學：新竹教育大學附設實驗國民小學的「融合班」。

融合班的課程和竹大附小校本部是分開進行的，也就是傳聞中的那個「隱藏的第六班」（附小每年級都有五班）。

我們學校每個年級有一班融合班，每個融合班裡有三位班導師和二十四名學生，而這二十四位小朋友之中，有八位學生是身心障礙的孩子。

在這裡，沒有排擠、沒有歧視，多了諒解、多了包容，還多了友情。

TAIWAN
10

陪樂樂走樓梯

國小三年級到六年級的這四年之間，我認識了一位很棒的朋友，他名叫樂樂。樂樂是一位總是快樂地面帶笑容的自閉症男孩，不太講話，但經常開懷地笑著，很開心地在自己的小小世界裡遨遊。

有時，音樂課下課了，我會坐在鋼琴前彈琴給樂樂聽。他會帶著笑容、耐心地聽我彈琴，有時還會跟著節奏一起拍手。樂樂的節奏感很好，我也彈得很愉快。

與樂樂的相處，最讓我印象深刻的，就是我常在下課時陪他走樓梯。

樂樂習慣一隻腳先往下走，另一隻腳再跟進併攏，這樣慢慢地走著。這讓我想到我的小堂妹也是這麼走樓梯，我曾經陪她練習過一隻腳踩一段階梯的走法。當時，我決定也要陪樂樂走樓梯，走到他學會一隻腳一隻腳的下樓梯為止。

隨著幾堂下課時間的練習，樂樂也習慣了這種走法。這只是件小事，但是真的讓我很快樂。不只是為了成就感，我更為樂樂不再為了下樓梯感到懼怕而在心中慶賀。

縱使國小時期我仍然和某些同學發生各種小摩擦，但整體而言還算是快樂和諧。那時校內常常有班際啦啦隊比賽、合唱比賽與一年一度的新年晚會，所以班上同學的情感很容易凝聚。另一方面，大概也是因為融合班的孩子一向被教導要對人付出同理心和包容力的緣故，所以誤會相對地容易化解。

對我而言，童年最快樂的時光，就是在融合班上學的這段時期。融合班裡的小學同學，到現在還會不定期聚會。

還記得剛升上國中時的那幾次聚會，由於許多學生大多都選擇進入普通體制的國中就學，所以老師們對我們的經典問句便是：「你們覺得外面學校和小時候在融合班裡，有什麼不一樣？」

同學們總是異口同聲地回答：「融合班的同學相對之下比較有同理心，也比較能包容不一樣或需要幫助的同學。」

樂樂自從國小畢業後，就從新竹搬到臺中去了，因此每次同學會都沒有機會見面。二○一七年寒假，我很榮幸地能和樂樂以及他的家人，在睽違九年之後重逢聚餐。

TAIWAN 11

俠骨柔情獎

因為融合班的班上有三位導師，對孩子也比較能給予全方位的照顧。

班上將孩子分成幾個小組，每個小組就像是一個小家庭，而班級本身便是個大家庭。除了國文、英文和數學課之外，「小天使」們（融合班裡如此稱呼比較特別的小朋友，別班的稱呼可能不同；印象中也有「小聰明」的稱法）與大家都一起上課。分小組時，組別中也會穿插著小天使，讓同學之間有更多個別相處與認識彼此的機會。

還記得每一個學期末，學校都會在結業式上舉行頒獎典禮。這個頒獎典禮很特別，人人都有獎，本意是讓小朋友們認識自己最棒的特質。在我印象中，我每一年都會得到名為「俠骨柔情」的獎項。這張獎狀上寫著：「樂於助人、熱心，而不求回報」。小時候的我還不懂俠骨柔情的含意，只覺得這四個字很酷。

還記得那時的我總會主動留在教室裡幫大家排桌椅、也會幫同學拿鉛筆盒和聯絡本

（但曾害同學以為自己的鉛筆盒和聯絡本不見，氣得直跳腳，哈哈！），我也很喜歡自己在班上做的打掃工作：清理廁所。我那時候特別喜歡刷馬桶，看到自己刷的晶亮的馬桶和洗手台，就會格外欣喜得意。

隨著日漸長大，我也慢慢地明瞭了獎狀的意義，並以這一點自我鼓勵。

在這個有著充滿愛的老師，以及互相照顧的同學們的融合班，我真的過得好快樂。在這裡，我也找到了人生中最重要的格言：保持善良的心，是最最重要的事。

融合班的四年時間中，發生了很多有趣的事情，也依然有一些人際關係上的問題和一些大大小小的誤會。我也曾經任性、曾經不聽話、曾經因為生氣而使壞。儘管如此，班上數一數二的凝聚力，一直讓我感到自在和驕傲。

TAIWAN 12

合唱團裡的時光

進入融合班的同一年，我加入了合唱團。

我一直都很喜歡唱歌，在媽媽的鼓勵和幫助下，考進了新竹晶晶兒童合唱團。我從小學三年級一路唱到了高中一年級。每個星期，我最期待的便是星期五能夠到合唱團去練唱。合唱團是我唯一感到有朋友包圍的避風港，尤其是在國中和高一的這段時期。

合唱團裡的孩子都來自不同學校、不同家庭，有著不同興趣、不同嗜好。但我們都有一個共通點：熱愛音樂、喜歡唱歌。也因為這個共通點，將我們的心緊密地連結起來。

在合唱團的這八年日子中，我認識了很多朋友。

我在國小時期最要好的朋友小璇，以及她的妹妹小澐，就是我每次前往合唱團練唱最大的動力。我們不只在合唱團裡有交集，也因為都住在竹北，所以常常一起出去玩，甚至是我害怕的遊樂園，也因著與她們能夠自在相處的友情，令我似乎多了一份勇氣。我在她們的陪伴與鼓勵下，首次嘗試了一直不敢玩的遊戲設施，就連一向懼怕的游泳池滑水道，也變得能夠享受了。我們也會去臺北市立木柵動物園，在妹妹小澐的帶領下一起編舞、跳舞，一起笑鬧玩樂。而與她們一起寫交換日記的故事，至今都仍記憶猶新。

我想，在這個階段裡的我，真的找到了知己。第一次和小璇在合唱團交談時，我們就像是認識好久的老朋友般相談甚歡。一直以來，感覺統合失調給我帶來不少人際交流上的困難，但奇蹟的是，我和她們兩姊妹的相處完全沒有受到影響。

晶晶兒童合唱團裡的小朋友，每一學年都會晉升一個班級，就如同學校體制一樣，我們有各個年齡層的不同班級。

升上新的班級後，我認識了英文流利的Iris，還有如同小姊姊般一直照料著我、給我許多建言的小婷，以及小葦、小柔、小華、小欣、小湇等等，還有好多好多很棒的朋友和同伴。

雖然有些朋友隨著功課忙而少了聯繫，但是他們在我的心目中，仍然是小時候玩在一起、鬧在一起，最讓我信賴的朋友。在我傷心失落的時候，只要想到她們，還有以前的種種回憶，我的心中還是充滿溫暖的力量。

TAIWAN 13

Tony 的友情

我在合唱團中最要好的朋友是Tony。

小時候看過的卡通和電影中，總是有個令我嚮往的角色，那就是無話不談的「姐妹淘」。沒有想到與我暢談真心話的好朋友，竟然會是個男生。

剛升上高一的寒假，我參加了合唱團的冬令營。Tony 碰巧也是裡面的學生之一。

那天，我們兩人最後離開教室，我不假思索的問他：「學長，你讀哪個學校啊？我們似乎同班很久了，但是從來沒有說過話。」他在合唱團內的資歷比我深，於是我禮貌性地稱呼他為學長。

這段短暫的對話雖然匆匆結束，但是卻因此開啟了我們往後的友誼。

在寒假結束後的第一天合唱團練唱日，教室門口擠滿了許多久別重逢的好朋友們，三三兩兩地相聚談天。

我看到 Tony 自己一個人站在一群男生旁邊，正在安靜地讀一本英文書。

在合唱團中，會拿著英文書閱讀的人，通常都是來自雙語學校或國際學校的學生。我從來沒有看過一個普通高中的學生，會這麼自然地閱讀一本英文書，心裡有點好奇。

「嘿，你在看什麼書？」我走上前去問他。

Tony 把書的封面翻過來給我看，跟我解釋了一下書的內容，便又繼續埋頭閱讀。

坦白說，我已經記不得那是本什麼主題的書了。只記得在上課前，我們突然就聊了起來，聊到往後的大學生活。Tony 大我一歲，那時候正值高二下學期，他已經準備要開始念書衝刺。我們當然也會聊音樂。

有一天，Tony 寫了一封 email 給我。我很驚訝在這個年代裡，竟然有人傾向使用 email 連繫，而非立即回應的即時通訊軟體。這一點倒是跟我很像。

我們在 email 中什麼都聊，從日常生活、推薦的音樂和書籍，到更深層的思考。我們的友情也因為通信來往而變得更為深厚。

這或許就是我一直在尋求的友情：一個願意和我談論、彼此交換思想，而非單單吐露心事的朋友。Tony 本來就愛思考，加上有著清晰的思路，所以我們也經常分享值得反思的議題。

到了信件往來的後期，我們兩人還發展出「每日一問」：每天想一個哲學問題來考對方，待對方回答後，我們再說說自己的想法；這麼做是為了不先干擾對方，讓對方能自由的思考。

由於 Tony 的英文很好，我們也常常以英文而非中文做交流。他閱讀過許多著作，內容都非常有深度，在我們的討論中，他也會引用各種書籍，我在他身上學到非常多的事情。

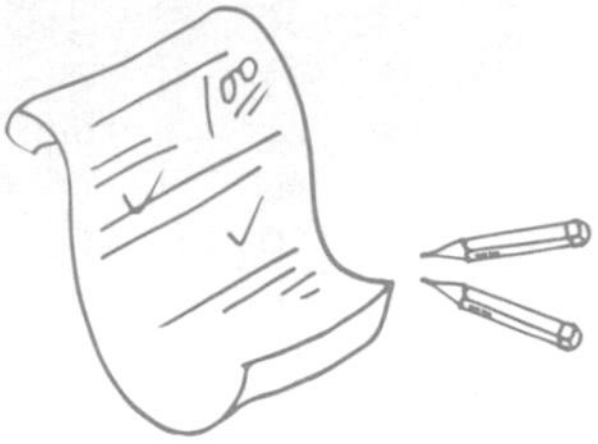

TAIWAN
14

逃離同學的捉弄

國中對我來說是一個令人懼怕的新開始。

我本來很希望能夠升上融合班附設的國中就讀，但是，父母希望我能夠到一般的學校裡試試看，於是我便進入離竹北家裡不遠的國中讀書。

這是一所新學校，我們是第一屆的新生。當時校舍還在建造，我們就暫時在新竹縣立體育館的臨時教室裡上課，直到升上國二時，才有蓋好的校舍可以使用。至今回想起來，我仍然會覺得不可思議。

開學第一天，帶著幾分忐忑不安，我進入了新的學校。對我來說，離開融合班是一件令我不捨也百般不願意的選擇。因為感覺統合的問題，我對於新環境的適應能力極差。幸好那時在合唱團裡認識的小柔與我同班，才使我感到好一些。

一開始，由於同學彼此都不熟識，一切都很和平。不過越到後來，隨著同學們彼此熟悉，班級裡就發展出許多小圈圈，也流傳著關於我和另外一位經常形單影隻的男同學的負面傳聞。

漸漸的，開始出現一些令人困擾的捉弄。當我走路經過同學身邊時，會傳來一陣訕笑聲，或是狀似感覺噁心的閃躲。接著，同學排斥我的程度愈來愈嚴重，我和原本的朋友之間也出現了誤會和冷戰，甚至就連其他班級的學生，也公然對我發出嘲笑。

有一次，我們在音樂課上準備考唱歌。

當時我對法文萌生興趣，而且級任導師在英文課時，讓我們看了一部法語音樂劇《羅密歐與茱麗葉》，我因此在考試中選唱了其中一首插曲：Pourquoi（意思是「為什麼」）。那時我其實還不懂法語，所以花了很長的時間在家中反覆練習咬字，並重複聽歌曲，將歌詞背熟。Pourquoi 的發音就像「布瓜」的諧音，班上的男生三不五時便會拿這一點開我玩笑。他們刻意模仿我唱歌的樣子，也令我難過，想到自己花了那麼多的時間琢磨，努力地練習，卻只換來同學的嘲弄，我忍不住在某一節課堂裡委屈地流下眼淚。

別班的男同學則刻意在走廊上對著我大喊「醜女」。最後，不只在自己的班上，整個年級的學生都不願意與我做朋友了。

升上國中三年級時，我再一次轉學。

當時父母考慮到臺灣的教育方式不適合我，因此特別選擇了一所採美式教育的雙語學校。但其實我內心知道，這一次的轉學，是我的一種逃避、一種反抗。為了逃離那些謾罵和欺侮，我轉學到臺北念書，也開啟了我的住校生活。

到了臺北，是另一個全新的環境。全新的師長、全新的同儕、全新的教學方式。

可是，卻是同樣的難過、同樣的悲傷、同樣的嘲弄。

那就彷彿是一齣換了地點和年代，但是故事雷同的電影一樣。

新生訓練時，有一位很紳士的男同學與朋友來找我說話。

我對於主動和我攀談且待我溫和的人，通常是抱持著善意。我總是太容易從剛認識的人身上找到喜歡的地方，也很快的付出信任。

那位同學起初很友善、有耐心。我便認定對方是我的好朋友，開始與他分享許多想法。亞斯伯格特質帶給我一個很大的困境，那便是我無法感知他人的情緒。或許本來這

位同學是真的想與我成為朋友，可是我常常過度頻繁地分享我的心情，沒有意識到對方可能正在忙碌，或者當下不想要與我相處，於是在屢次的情緒累積下，他開始認為我是個很煩、很不會察顏觀色的人，也開始厭惡我。

我還記得，那是在新生訓練的尾聲，當時我非常沉迷於創造密碼（摩斯密碼、凱薩密碼等）的遊戲，總是在筆記本上塗塗寫寫。

我一向喜歡邀請自己珍惜的朋友，在我的筆記本上寫字，我喜歡保留朋友的字跡、圖畫。平常我不太喜歡別人碰我的筆記本、更別提在上面寫字了。所以，這是我對好朋友表示友善與好意的舉動。

那天，我邀請這位同學一起在筆記本上創造密碼。可是卻沒有意識到，他其實對密碼不太有興趣。基於禮貌，這位同學仍然耐著性子寫了一組密碼給我。那時的我只顧著開心，很高興筆記本上留下了他的字跡，並沒有注意到他已經表現出明顯的不耐煩。如果他當時可以直截了當地拒絕我，或許我就能夠理解到自己吵到他了，並且收斂自己的舉動。縱使他在拒絕我、告訴我的當下，我會感到難過、錯愕和自責，但是這比起什麼都不說就慢慢疏遠我，甚至討厭起我來，令我更容易調整與接受。

我永遠記得，在新生訓練結束時，來學校帶活動的大哥哥、大姊姊們，正在對我們這些學生說著感想，他們鼓勵大家要永遠記得新生訓練的點滴，也期許大家將來可以成為彼此的好同學、好朋友。

我也記得，當時我想要和那一位同學交談、和他開小玩笑，我還偷偷拿走他的鞋子，只為了引起他的注意，結果令他對我更加反感。可惜的是，我還是沒有來得及領悟到自己應該改變與他相處的方法。

另一個事件，是在宿舍中與室友發生的誤會。

由於這個誤會，令我在這所學校讀書的時光也充滿著灰暗。

記得剛搬進宿舍時，同寢的人互不認識，因此，我和其餘四位室友便開始自我介紹。我聽見其中一位女孩熱愛唱歌，便忍不住和她分享我最愛的合唱團裡的大小事，包括合唱課、聲樂課等等。沒有想到，對方以為我是在炫耀這些經歷。

當天晚上，她的一句「Miya 很愛炫耀、真的很討厭」傳遍了整個女生宿舍。加上新生訓練時我與那位男同學間的誤解，之後，同學看我的目光也變得不同。

在這之後，我被孤立與輕蔑的氣氛包圍，在走廊上被譏笑為怪胎。男同學也以不雅的雙關字眼嘲弄我，甚至在情人節時，送給我一封摺成愛心，內容寫滿髒話的信。這場惡夢，彷若是按下了無限循環鍵的音樂播放器一樣，重播再重播。

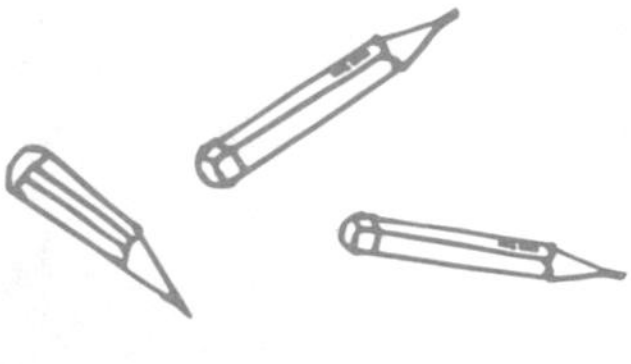

TAIWAN 15

我眼中的異樣世界

從小到大，感覺統合問題就帶給我各式各樣的難關。它不像亞斯柏格症候群、肯納症（自閉症）、ADHD 注意力不足過動症（過動兒）、學習障礙等名詞一樣，讓人一聽就知道它們分別代表什麼情形，因此，也就比較能夠去包容和理解。

感覺統合障礙還沒有被正式定名為一種病症。但是，有著這些問題的孩子，卻不免仍會讓人感覺到哪裡怪怪的、好像有哪裡和一般的孩子不一樣，只是無法明確地瞭解這些孩子究竟哪裡不同。人們在感覺這些孩子異於常人之餘，反而會因為不能理解而產生厭煩的情緒；身為孩子的父母與老師，可能會覺得孩子難帶、難教、不合群、惹麻煩，而對孩子漸漸失去耐心。

正因如此，我想在此詳細地描述、分享自身的感受經歷。希望藉此能讓人們更加理解這些孩子的世界，更能夠包容他們，並且尋求相關醫療管道的協助。

我為什麼咬指甲？

媽媽最看不過去我咬指甲。

「黃明雅！不要再咬了！」她總是那麼說。

「妳看看妳的指甲！」連朋友都這麼碎唸著。

「妳還咬？」爸爸皺了皺眉頭。其實我不只咬，還會摳。對我而言，這種行為有無敵療癒的作用，可以替我分散無聊、壓力、緊張。我幾乎是無時無刻都可能會摳咬指甲。有時，甚至是在我自己不特別注意的時候，比方說看電視、打字，甚至是閱讀時，都會閒著沒事似地摳指甲。但為了有美觀的手指，我正在學習努力克制。

我為什麼不敢踩沙子？

我懼怕沙子的事情，大概是親友眾所皆知。

每每看到小時候和父母出遊的照片，發現自己踩在沙子上，我都覺得很驚訝，不知道他們當時是怎麼說服我的。

我從小就不喜歡沙子的觸感。尤其是海風、浪花鹹鹹的氣味。當我浸濕了海水的雙腳上，黏著一顆顆濕潤的沙礫，光是想像，就令我不寒而慄。

或許這般形容是有些誇張。

但我想，在這麼多本相簿中，絕對有可以證明沙子乃我天敵的照片。

不過，隨著年紀漸長，我似乎慢慢也能夠忍受沙子了，即使在觸碰到沙子的那一剎那，我還是會想要趕快逃離，但是只要試圖讓自己靜下來多待幾秒，或者是身旁有值得信賴的人，我就可以稍微安心，而忘了那種不舒服的感覺。

記得我在法國時，某一次體育課，體育老師把我們帶到學校附近的運動場邊。當天要練習的是在沙地上跑短跑。

我當然百般地不情願。

當時的我硬著頭皮跑完了該跑的距離。然而，當我終於擺脫沙堆，我卻全身癱軟無力地坐在沙地一旁的地上，哭喪著臉。

「妳還好嗎？」一位同學前來關心，她也跑完了。

「還好。」我輕聲回，但同時卻搖了搖頭。

更多同學圍了過來，關心我的狀況。

結果我竟然哭了起來！像個小孩子似的！

待全部人都跑完後，體育老師也過來看，直問我發生什麼事。

我稍微整頓了情緒後，告訴老師：「我討厭沙子。」

「噢，就這樣？」老師挑挑眉，不明所以。

身旁的同學更不解了，一臉疑惑地望著我。

從以前開始，我就不太曉得該怎麼解釋自己的狀況。那時的我還對感覺統合失調的事情不甚熟悉。所以，討厭沙子在我的想法中，就像是「有些人嗜吃辣、有些人完全無法接受」如此簡單的概念而已。

可惜其他人無法理解這麼「簡單」的概念。

大概因為是說的是法語，我當時勉強只能擠出幾句：「就是不喜歡沙子的觸感……。」結果越說越心虛、越說越小聲。因為我明白，我的說詞一點說服力也沒有。

他們想必都覺得，不就是沙子而已嗎？

如此簡單，又如此殘酷。因為不明白，所以我們往往都用自己的標準和看事情的角度，輕視他人的難處，無論是否故意。

或許，在面對這種狀況時，我們除了試圖理解，還可以這麼想：「因為對方感到難過，所以我也把這件看似微不足道的小事，當作需要在意的事情來看待。」畢竟，縱使我們無法百分之百的理解他人的感受，但藉由同理心，我們仍然可以稍稍避免對他人無心的傷害。

翻閱兒時照片，父母有時帶我到海邊適應沙地的觸感，在家人的支持陪伴下，我漸漸能體會玩沙的快樂。

我為什麼害怕聲音？

我最大的罩門之一，大概就是對聲音的過度敏感。這也讓老師們覺得我「對環境適應力極差」、「抗壓性有待加強」。

無論是清晨乍醒的手機震動聲、樓上鄰居孩子們的蹦跳聲、小男孩吹口哨的聲音、班上同學的談笑、老師為了喝止學生聊天而拍桌、耍帥少年改裝摩托車的重低音呼嘯聲、人們在車內或小型密閉空間的談話聲……這一切的一切，都令我崩潰。

我雖然無法消化這些細微的聲響，但是自己說話時卻還是可以講個不停，不曉得為什麼。如果是在清晨，明明還可以繼續睡覺，卻被莫名其妙的聲音吵醒時，我總會把自己緊緊蒙在棉被裡，窩在裡頭大哭，或發出無謂的大聲嘆息，以示抗議。但是，家人或朋友大概以為只是我做了惡夢。

當我獨自在家，但因為隔音問題被樓上的噪音干擾時，我通常會發出小聲的高頻噪音，以便阻擋外界的吵雜。那是我在腦中架構出的虛擬保護層，這麼一來，我就不會那麼焦慮。

但是如果是在學校，每當環境的聲音使我的思緒受到干擾，我就會開始偏頭痛、焦躁不安、無法專注，而且無法長時間待在座位上。這種時候，我總是不斷變換姿勢、手指敲擊桌面、把玩放在口袋裡用來安撫情緒的小沙包，試圖讓自己冷靜。如果這麼做也行不通，那麼我的不安就會更加升高，我會不停地望著手錶，期待下課，好讓我能夠躲到安靜的地方。每當聽到下課鈴聲響、踏出教室深吸一口氣的瞬間，都可以讓我的情緒大為緩和。

重複性高、音量大，或是忽然冒出、能夠嚇著我的聲音，也能讓我的心情盪到谷底。還記得有一次在餐廳，一名服務員在擺碗盤時不小心過於用力，我差一點嚇到從位子上跳起來。因為這些聲音，彷彿就在我的耳中放大了十倍，而且驚嚇後的餘悸還會持續很久，整整五分鐘，我都呈現出半呆滯半憤怒的狀態。

這時候，我會象徵性地用雙手摀住耳朵，安撫一下自己的心情。

許多得知此事的朋友會問我：「那麼音樂呢？是否也會讓妳敏銳的耳朵無法負荷？」

音樂對我來說，是一帖安定心靈的良藥。

從古典樂到我過去不太聆聽的流行樂、快歌，我幾乎都可以接受。心情愉悅時，我連搖滾樂也能聽。這真是有趣的現象。

令我訝異的是，在我加入的美國感覺統合障礙互助社群中，曾經看到有人無法忍受細微的噪音，舉凡拆包裝紙的聲音、餐廳中嘈雜的談話聲等等，但是卻可以享受重金屬樂。只能說，音樂果然有一種神奇的魅力！

對於感覺統合失調的人來說，無論狀況「嚴不嚴重」，都有他們難以言說的苦衷。在一般人眼中微不足道、芝麻蒜皮般的小事，在他們的世界裡，卻是一個又一個必須正視的難題。至於亞斯伯格的特質，則表現在以下幾個與人際溝通有關的面向：

我為什麼拉扯同學？

幼稚園的時候，我常常會拉扯或輕拍其他小朋友，試圖吸引對方的注意。

等到長大了一些，有幾次心血來潮翻閱兒時的親師聯絡本，曾看到老師在上面寫著：「雅雅媽媽，今天雅雅又拉了同學，讓同學覺得不舒服，所以不想跟她玩。」

其實，我很渴望能有朋友，也很願意主動對人友善。爸爸總是說，我的積極是一項難能可貴的特質，而且也令他很羨慕，因為他很害羞。

不過，光是在幼稚園時期，我就已經了解到交朋友的難度。

大概是年紀小的緣故，本來就不太會自我表達的我，碰上同學的不理不睬，只好使出下下策，對他們又拉又扯。而我這麼做非但沒能達到交朋友的目的，反而讓自己變成了拒絕往來戶。

我以為我在釋出善意，但我的表達方式卻讓人誤解。

如果有什麼魔法，我真希望有那種「可以把自己的內心想法傳遞給對方」的超能力啊！

我為什麼要黏著朋友？

朋友之於我，一直是種奇特的存在。

爸爸常常提醒我：「因為感覺統合的緣故，妳對友情的看法和一般人不一樣。總是因為過度執著、不懂拿捏，反而讓他人感到壓力，最後把朋友都嚇跑了。」

這種事情，在小時候尤其顯著。

小時候的我如此渴望友誼，但偏偏我渴望的友誼是那種「黏膩一輩子」、或是「你的心裡只能有我」的程度，說是霸占也不為過。
友誼對我而言是多麼地得來不易，導致我的認知也跟著偏差。
這彷彿是一種惡性循環。
而事情的經過，也如出一轍：熱情又健談的我，在群體中總是率先開口聊天。等到和大家變得較為熟識以後，我便開始暗自期待有一個「特別的朋友」，能夠和我膩在一塊兒、和我分享一切的心事。
接著，噗通，期待跟著狠狠落空。
為什麼呢？
因為「這樣的妳，讓我很有壓力。」
因為「妳太黏人了，這樣不好。」
因為「妳很煩，妳知道嗎？」
多數時候，我就這樣又失去了對方。
爸爸說，她們其實好喜歡我，可是因為我不懂「見好就收」、不懂「再要好的朋友也該保持適當的距離」，或者就算我知道，也不見得能做得到，因此，朋友們只好自己先遠離、避一避，以免被我的熱情黏膩壓得喘不過氣。
倘若受到他人忽略和冷落，我會非常難過，也會不斷地懷疑自己。有時，反而是我自己刻意先躲起來，導致後面的各種誤會。似乎要等到長大了一些，我才慢慢懂得如何經營友情。

很幸運地，在我的生命中還是有幾位很棒的朋友，願意陪伴我成長、試著理解我的內心世界。例如兒時的好友小婷雖然年紀比我小，但似乎一直扮演著姊姊的角色。我們的友情，也曾經有幾次險些要掉進我失去朋友的「基本步驟」裡。但是她每一次都願意再度和我搭起友情的橋樑，沒有讓我一個人陷入失落。她懂得先遠離一陣子，然後再回到我的身邊。她的用心對待，讓我非常感激。雖然難免經歷自我懷疑、自責難過，但是，如果她不用這種方式來舒緩我在無意識中帶給她的壓力，或許我們的友情也難以維持至今。

我為什麼不懂得察顏觀色？

我不懂得察言觀色，是爸媽很掛心的事情。

「妳有沒有發現，爸爸現在很累，不想說話？」媽媽問我。

「妳有沒有注意到，剛剛我不太自在？」爸爸說著，鼓勵我猜猜看原因。

有時情況也會反過來。換我自豪地說：

「欸，我剛剛發現爸想要我暫停。我是不是講太久的話了，哈哈！」

類似這般的內容，都是我們日常出現的對話。

他們沒有責罵，也不是無奈，只是一種訓練。

從父母的提問，變成我主動的反問，漸漸地，我學習到大家所謂的「察言觀色」，並持續進步著。

在我更小的時候，常常會忽略人們的反應，而滿腦子沉浸在分享的喜悅中。有時，人們可能禮貌地聽我說上半小時的話，接著，他們表現出想要轉換話題的暗示。但我依然口沫橫飛，若不是對方出聲提醒，我不會懂得停下來。

如果沒有恰當的機會解釋，我往往會被誤會成是一位「只在乎自己、只講自己的事情」的自私鬼。其實，我還是很期待能夠瞭解對方，更希望對方可以主動地告訴我自己的事情。我並非不關心他人，當我聽見朋友或家人生病了、心情不好，我一定會盡力地陪伴和關切。但是，對方常常會告訴我「沒事」、「沒關係」、「繼續說」、「我很好」，而且看起來若無其事，我如何能探知對方的狀況不好呢？使用通訊軟體、看不見對方臉色時，我更難以發現這一點。

所以，如果有什麼情緒，還是需要直接、適當而禮貌地告知對方，這麼做將有助於溝通。

有時候，只要懂得多一點包容，就可以緩和他們心中的不安。而當他們知道對方願意努力理解，不會遽然否定他們的苦楚，他們就會更願意嘗試學習，也會因此而進步。

我想，進步和努力是可以雙向並行的。人們的善意付出，我們能感受得到，也就會更加努力。如同我的父母或身旁幾位重要的親友，總是無悔的付出、默默的陪伴和支持我。因為他們無盡的愛與包容，才造就了今天的我。

〈微光〉

詞曲・演唱・伴奏｜黃明雅

微光緩緩照進你的窗　心情也跟著明亮
笑靨暖暖在臉上綻開　輕柔將淚水打翻
傷悲就抬頭望著天空　默默令眼眶泛紅
沒有關係就讓它沉澱　那無所謂的迴圈

要知道不一樣值得驕傲　要明白你能夠攀得很高
看看你的心如此特別　為何不讓它自由飛？
盡力去看到天使的翅膀　去看到暗中發光的太陽
即使一路上有些艱辛　相信迷霧終究會散去

當我們小小的生命啟航　是與眾不同的新的體驗
別去懼怕遭遇的迷惘　勇敢面對這般試煉

微光緩緩照進你的窗
心情也跟著明亮
笑靨緩緩在臉上綻開
輕柔將淚水打翻

線上聆聽 http://letmebeyourlittlesun.tumblr.com

Mother's Letter

媽媽的紀錄

牙牙的成長

出生週數：二十七週又五天　出生體重：九三二公克
出生身高：三十六公分　出生頭圍：二十五公分
出生日期：一九九六年十一月十一日

1996.11.11　出生於臺北馬偕醫院
1997.01.31　從新生兒加護室轉至新生兒中心，體重一九三八公克
1997.02.06　眼睛視網膜病變第二至三度冷凍手術，體重二〇五六公克
1997.02.13　媽咪至醫院實習幫牙牙洗澡、餵奶，體重二二八二公克
1997.02.17　第一次穿上衣服，體重二四六六公克
1997.02.22　終於可以出院回家了，但須二十四小時帶氧氣及血氧監視器
1997.03.12　感冒住院，體重三三五八公克
1997.03.27　出院，體重三一〇六公克
1997.04.22　右眼做第二次冷凍治療，發燒住院
1997.04.23-25　感染肺炎高燒至四十度，轉至加護病房，體重三九九〇公克
1997.05.05　出院，晚上八點半，第一次看到牙牙笑

1997.05.10　回門診，醫生終於宣布可以脫掉氧氣管

1997.06.07　第一次喝柳橙汁 10 c.c.，體重五二五〇公克

1997.06.07　第一次出門散步，地點：內湖家附近國小

1997.06.14　開始餵食副食品米粉糊

1997.06.29　矯正年齡四個月。爺爺生日，第一次回新竹

1997.08　矯正年齡六個月。會翻身

1997.09　矯正年齡七個月。會獨自坐穩

1997.11　矯正年齡九個月。會爬

1998.02.24　矯正年齡一足歲，體重九・五公斤，身高七十二公分，頭圍四十五・五公分

1998.03　矯正年齡十三個月，會說：蛋蛋、媽媽、麥當勞的「麥」、施公奇案的「案」，會唱妹妹背著洋娃娃的「妹妹」、說一長串自己的語言，會比鼻子、耳朵，能獨自走幾步路

1998.03.22　矯正年齡十三個月，終於發現期待已久的第一顆牙齒

1998.04　矯正年齡十四個月，會說：蝴蝶、沒有啊（表示音樂沒了）、Baby、弟弟、狗狗，能從坐姿站起，能獨自站立且拍手，一手檢起兩塊積木，能獨自走路不須扶。

1998.04.25　會叫爸爸、公公

1998.05.06　眼科追蹤門診，遠視加散光，每天左右輪流貼護眼貼

1998.05.08　發現第二顆牙齒

1998.05.17-18　爸比公司旅遊：觀霧之旅，牙牙第一次在外過夜

1999.02.09　矯正年齡二足歲，體重十一公斤，身高八十四公分，頭圍四十五・八公分

2000.02.11 眼科門診，醫生說要戴眼鏡矯正散光，每天並貼護眼貼四小時

2000.08.23 牙牙住進自己的小房間，不須包尿布了

2000.09.01 第一天上學，幼稚園小班，很興奮，不會哭喔！真棒！

2001.05.15 疝氣開刀，很勇敢的呢！

2002.03.26 臺北市立療養院感覺統合評估，可能需要治療

2002.6.4/7 臺北市立早期療育中心職能及心智發展評估

2002.07.11 牙牙第一天學鋼琴

2002.07.29 早療中心評估結果：動作及注意力發展遲緩

2002.07.31 開始物理治療，一週一次

2002.10.30 職能及物理治療結束，動作及平衡感有明顯的進步

2003.06.05 早療中心學前評估

2003.06.15 換牙囉！第一顆牙齒，左邊下門牙睡午覺醒來就掉了！

2003.08.07 第一次學小提琴，是牙牙自己堅持要學的

2003.09.01 牙牙升小學一年級

2004.07.07 鋼琴成果發表會

2004.08.15 小提琴成果發表會

2005.07 考上晶晶兒童合唱團

2005 夏天到加拿大遊學一個月，獨立生活

牙牙的出生

（本文曾刊登於早產兒基金會會訊）

由於前置胎盤在產前大出血，使得我只有二十七又五天的懷孕週數，不得不終止。一切發生得那麼措手不及，讓我及家人都來不及準備。無辜的小牙牙帶著她不足的九三二公克體重、不成熟的身軀，來到世上。

一出生，她就被送至保溫箱，展開一連串的治療。身上插滿呼吸器、血氧監視器、點滴……大大小小的管子，佈滿她那瘦弱的身體，當時的她不知是否懂得疼痛？

住進保溫箱的第三天，醫生宣布可以開始餵食0.1 c.c. 的母奶，爭氣的牙牙吸收狀況還不錯，每天持續0.1 c.c. 的量。由於脫水的關係，她的體重一度降至七百多公克，在每次只有短短十五分鐘的探視時間裡，我們最關心的，莫過於體重是否增加，總是在些微的數字中斤斤計較，多盼望她能變得重一些、再多吃一些，然後快點長大。

當醫生終於宣布可以將牙牙帶回家照顧時，她已經在醫院待了共一百零四個日子，前後曾經歷幾次的細菌感染、敗血症、貧血、顱內出血第二度、腦室擴大、視網膜病變第二至三度，並做了兩次冷凍治療、聽覺週邊神經輕微受損、慢性肺疾病等大大小小的併發症。每經歷一次，總讓我們心驚膽跳好一陣子，想到未來可能面臨的種種後遺症，例如腦性痲痺、高度近視或遠視等，我們不敢奢求未來會是什麼樣子，只希望她能健康平安的成長。

把牙牙帶回家自己照顧，對於沒有育兒經驗的我來說，真是一大挑戰。她除了較一般新生兒柔弱外，還須要二十四小時帶著氧氣管及血氧監視器；在餵食前須先幫她拍痰；晚上睡覺時，深怕她又忘記呼吸。雖然監視器會發出警報聲，但總是不敢闔眼，唯恐睡著了，沒能聽見警報聲。就在出院不到一個月的時間，牙牙因為支氣管炎住院一個禮拜；相隔一個月後，又因感染肺炎轉至小兒加護病房，再度插上呼吸器，醫院發出病危通知。當時的我真是焦急萬分、懊悔不已，為何沒能照顧周全！此次住院為期半個月，出院之後，情況漸入佳境，有時不必帶氧氣管，也能維持95%以上的血氧濃度。醫生終於告訴我們，可以拔掉氧氣管了。那天，正是母親節前夕，這真是牙牙送給我最好的禮物！突然之間，我覺得照顧牙牙變得好輕鬆、好愉快！

現在的牙牙正值矯正年齡兩歲三個月，是個喜歡說話、唱歌、表演、愛笑的快樂小女孩。有時候，她也會調皮，也會惹我們生氣，但只要一想到，她曾經是個與生命搏鬥的勇敢小戰士，總會對她多一分憐愛。從她身上，我們學習到生命是如此神奇，如此可貴！感謝上帝！她除了眼睛有輕微散光，必須每天一小時以護眼貼矯正外，並沒有我們當初所擔心的後遺症。對於這樣的結果，我們已心滿意足。這得感謝這段日子來，細心照顧牙牙的馬階醫院許瓊心醫師、高信安醫師、新生兒加護室黃淑英護理長、所有照顧過牙牙的住院醫師及護士們，以及陳雪華居家護理師。他們的付出及關懷，才能使牙牙在那段最脆弱、最艱辛的階段裡健康長大。另外，也要感謝早產兒基金會提供的各項服務，諸如書籍、錄影帶及出院後的定期追蹤，讓我們在養育早產兒時，能有更豐富的知識。

在日常生活中，我們常會忽視一些弱勢且須要照顧的群體，當事情發生在自己身上，才赫然發現，若不是有一群默默付出的有心人以及他們的協助與關懷，我們將會多麼無助。如果您也是早產兒父母，不要徬徨，您在這條路上並不孤單，因為有一群同樣也是早產兒父母的過來人，會為您們加油打氣，也願意與您一同分享這一路走來的心路歷程。

媽咪

一九九九年　寫於新竹

PART 2
FRANCE

爸爸常說：「順其自然的教養方式，就是好的教養方式。」

因為父母單純的信念，讓我在成長過程中，只憑著喜歡——喜歡閱讀、喜歡語言、喜歡音樂——而將學習當成生活的樂趣。也因為父母總是鼓勵我去探索，讓我能夠在自己的嗜好上持續投注熱忱，並且找到了一生努力的重心：以「音樂」來幫助與我擁有相似經驗的孩子。

FRANCE 1

飛往巴黎

即將升上高二的那年暑假，我在家人的陪伴下，飛往法國巴黎。

在國三至高一時期，我常常利用課後時間去琴房練琴、創作，這段時期是我生命中最低迷的日子，幸好還有音樂陪伴著我。

從小，父母對我的課業或音樂學習向來沒有特別要求，爸爸常說只要我健康快樂地長大就好。他們考慮到以我的狀況，在臺灣的升學制度下長大，必然會十分辛苦，因此打算讓我讀完高中三年後就出國唸書，以便有比較自由的發展空間。我在國中時進入雙語學校就讀，也是為了高中畢業後的出國做準備。

但是他們沒有想到，我的出國計劃卻提前改變了。

高一時，我就意識到自己真正想走的也許是「音樂」這條路，此外，學校內的學科，我也只對語言比較有興趣，因此我向父母提起想要轉換環境、專心學習音樂的想法。

而父母聽完以後，對照我的學習狀況，他們知道與其讓我繼續在普通學科中尋找興趣，也許會遭遇更多的困難，既然我已經知道了自己的興趣所在，不如就讓我專心探索。他們也告訴我，縱使音樂只是一個夢想，他們都願意支持，並且陪伴我走過這段路程。

父母積極的為我查詢音樂學校的資訊後，這才發現，在臺灣，非音樂科班出身的背景很難在高中畢業後順利銜接升學。他們轉而想到可以結合我對法語的興趣，送我到法國讀音樂，同時培養音樂以外的另一項語言專長。

父母和我討論到法國讀書的可能性時，我的心中非常雀躍。因為我也明白，以我當時的程度，在臺灣要考取音樂班甚至是大學音樂系，是非常辛苦的事情。我的鋼琴老師、小提琴老師都告訴我，學音樂是一條難走的路，必須每天要不間斷地長時間練習才有可能出類拔萃。對於我出國學習音樂一事，老師們大多抱著比較保守的看法。

然而，爸爸認為既然我還是有條件和動力，也有嘗試的熱忱，就不應該因為害怕而輕易放棄。他反而十分鼓勵我，總是告訴我：「寧可到了法國，試過之後，發現真的難以達成，也不要連嘗試都沒有嘗試就直接放棄。」

爸爸去拜訪了法國在臺協會等機構，詢問了許多關於非科班孩子到法國學音樂的事情。在幾番探詢之後，收到的消息很樂觀，對方告訴我們：法國的音樂教育非常普及，這件事並不困難，可以付諸實踐。在法國，不論是專業人士、業餘人士或者初學者，都可以找到適合自己的音樂學習環境。

由於這則正面的回覆，振奮了我們全家，而法國的整體費用也比英語系國家便宜，所以我們才勇敢地做了決定，前往法國一試。

𝄞

出發飛往巴黎前，我先和媽媽在臺灣上了一個月的法語課。接著爸媽陪我到法國上三個月的語言課程；最後的幾週，爸爸先返臺工作，媽媽繼續在法國陪我直到結束。因為法國的語言學校每天有四小時密集授課，再加上當地的口說環境，我的語言能力很快就進步了。

許多人聽到我去法國，第一時間總是聯想到法國是個夢幻的地方，覺得法國人都很浪漫。其實並不然。我所觀察到的法國是個非常中規中矩，甚至可以說是做事一板一眼的國家。人們的個性有些慵懶，甚至有拖延的習慣。

尤其是巴黎，旅行時固然非常愜意，可是若是要在此長住就另當別論了。必須要能忍受他們的環境衛生還有嚴重的扒手問題。光是待在巴黎三個月，我就想要飛也似地逃離這座大城市。

巴黎市區的嘈雜、地鐵上擁擠的人群、對於華人面孔的無禮謾罵等，都使我對這個地方感到畏怯。我可能比較喜歡小城市裡的溫暖親切。

因此，我就像不少人初次前往法國的外國人一樣，難免感到幻滅。不過，我知道自己不是因著這些幻想和期待而來，純粹只是為了追尋我的夢想——學習音樂。而這件重要的決定，從此改變了我的人生。

FRANCE 2

舊書店裡的木頭香

平常我從語言學校下課後，就會隨處閒逛。我特別喜歡搭地鐵到義大利廣場站（Place d'Italie），那裡有個春天百貨商場，裡面有幾家大書店。

我偶爾也會去我和媽媽當時租的小公寓附近，一家古老的舊書店裡看書。

比起大書店，我更喜歡立在街角的那種古老舊書店。只要一推開門，就彷彿能感受到與世隔絕、回到舊時光的氣氛。舊書店裡採用的裝潢往往都是木頭的質地，當我置身在書店裡，可以聞得到木頭的香氣，混合著我最喜愛的書香。

巴黎市區裡的舊書店多半是由老爺爺、老奶奶經營。書店裡不常見到市面上剛出版的新書，反倒是成堆的二手書、他人轉賣的古董書、老闆自身的收藏等。

我經常在舊書店裡，發現十九、二十世紀初出版的那種又大又厚重的舊樂譜集，以及一九五〇年代出版的作曲家生平書籍等。我還曾經看過戰爭時期的老照片和明信片，還有十七、十八世紀流傳至今的女性服裝設計草圖。

布爾日的大教堂。

在巴黎待了三個月以後，我最後選擇轉往法國中部一個名叫布爾日（Bourges）的小鎮，繼續我在法國的冒險。

我之所以選擇布爾日，是因為當地有一所語言學校，與我在臺灣學習法語的語言中心有合作。而布爾日的學校裡，也有一位來自臺灣的蔣老師，因此，爸爸媽媽才比較放心讓我一個人待在布爾日。

FRANCE
3

布爾日音樂冒險

二〇一三年十一月，我回臺灣停留了幾個月的時間，為了繼續加強法語，媽媽帶我到臺北的天肯法語通上課；二〇一四年二月，我正式來到法國的布爾日，準備再讀半年的語言學校，然後進入當地高中與法國同學一起念書，同時接受音樂教育。

布爾日是個說大不大、說小不小的小鎮。初來乍到之時，因為對小鎮感到很陌生，總覺得路好漫長、建築物好高大，一切都是那麼的新鮮。

在臺灣時，我只是把音樂當做興趣，並沒有很勤奮地練習，也從不曾進入音樂科班的教育體系。所以，當我決定到法國學音樂，我就告訴自己，一定要發憤努力練琴。

布爾日的音樂學院，與我之前在巴黎時曾經應考的巴黎師範音樂學院有很大的不同。為了報考巴黎師範音樂學院，我在臺灣時，先到錄音室去錄製了幾首自己彈奏的曲子。不過當時寄送到巴黎的錄音檔案並沒有通過初試。坦白說，當時我的音樂程度，真的不足以通過。

然而，媽媽並沒有放棄。她查到巴黎師範音樂學院剛好有一位臺灣籍的老師，在多方打聽詢問下，讓我得以有再一次的機會前往學校現場應考。

考試當天，我坐在校長的面前，演奏了自創曲及幾首我拚命練習的古典樂。接著由校長親自出幾道樂理題目，測試我的程度。

樂理對我來說很困難，尤其是節奏的部分。我雖然從小就參加合唱團，也學習了鋼琴和小提琴，但是卻沒有上過正規的樂理課，只有在出國前請一位溫柔的鄭老師幫我惡補了一番。

最後，由來自臺灣的老師擔任校長與我的翻譯，進行最後面談。

那時，我由於不懂得察言觀色、不曉得應對之道，就在校長問我為什麼會選擇到法國巴黎音樂學院就讀時，不假思索地說：「因為不喜歡以前的學校。」

只見校長臉色瞬間一沉，而媽媽也訝異地望著我。

最後，我並沒有通過這場考試，因為校長認為我的程度還不夠。

得知結局的我，就在地鐵裡難過地哭了起來。媽媽告訴我，我方才的回覆很不合宜。我才開始理解，原來說話前先三思，是一件非常重要的事。

巴黎師範音樂學院給人一種歷史悠久的印象：沉重的大門、古老的校園、迷宮般令人昏頭轉向的室內通道、英式寄宿學校內常見的螺旋樓梯。而布爾日音樂學院卻截然不

布爾日音樂學院的白色校名貼紙。

同，是一所風格現代的學校。

它的大門是一扇全自動玻璃門，門上以活潑的白色音符做裝飾，並貼著Conservatoire de Bourges（布爾日音樂學院）的校名。一進入音樂院，映入眼簾的全是木頭裝潢：木製櫃檯、櫃檯後的木製櫃子、木頭地面……所有的東西都是木頭色的，看起來十分清爽。

櫃檯後方，還貼著可愛的白色指揮家圖片，以及幾場音樂會的售票訊息。旁邊的字樣寫著：Conservatoire acceuil billeterie（音樂院櫃檯及售票處）。

櫃檯內的阿姨和伯伯對著我微笑，散發著一股溫暖的氛圍。而在往後的日子裡，我也很快與他們兩位成為朋友。

比起巴黎音樂學院的古老，布爾日音樂學院的設計真的非常新穎。比如天花板上的燈

布爾日音樂學院的設計非常具有現代感。

管，都是感應式設計，既環保又節省。而且每個教室都是以知名作曲家或是樂器發明家、製造者的名字來命名；不同類型的教室門口上，則以其特有的名牌顏色來標示。

幾天之後，我順利地在布爾日音樂學院註冊成功，也和新的鋼琴老師約定好時間，請他審查我的程度分級。

FRANCE 4

鋼琴老師布諾

我的鋼琴老師名叫做布諾（Bruno），他是我在法國最喜歡的老師之一。

第一次見到布諾時，我感覺他是一位話少而正經的人，似乎也不太笑。他穿著格子襯衫、帶著黑框眼鏡，臉上有少許歲月的痕跡，看起來四十多歲。其實到現在我還是不確定他的年紀，只知道他有兩位女兒，一位和我一樣大，另一位比我小兩歲。

還不認識布諾時，我以為他是個嚴肅的老師。等到日後逐漸熟識，我才發現他就像是我的第二個爸爸一樣，對每一位學生都照顧有加。

記得那天的程度分級測驗，我非常緊張，匆匆彈奏完我準備的蕭邦《夜曲》後，就尷尬地不敢再看他的表情了。

後來，我與布諾越發熟悉，我的法語程度也從一開始的辭不達意，慢慢進步到能夠理解法國人的家常對話，甚至開始能夠跟人開點玩笑。

在鋼琴的學習上，也越來越有心得，這令我很開心。

當然，在我的學習過程中，也有過撞牆期。有一段時間我始終覺得自己沒有進步，覺得和法國學生一起上高中而備感壓力，也曾經累到差點要放棄音樂。然而在我和布諾學習的三年期間，我也逐漸地感受到他對我的理解。他開始分辨出我因感覺統合問題而出現的隱微異常，我在他面前彈琴時也不會那麼害怕了，有時還會坦然地與他聊到自己的各種心事。

布諾平常不太表達自己的想法，卻是他很善於觀察。他自己也說過：「雖然我不太說出口，但是我一直都在注意著，所以什麼都知道。」這樣的布諾，常常能夠摸透學生的心思。我有時對他吐吐苦水，埋怨課業很重、法語很困難等，他也不會回答我，只是安靜地聽我說；有時他則是突然打開話匣子，和我聊他讀書時的事情，藉此鼓勵我。

我也和他聊到現代青少年的禮貌問題。布諾覺得現代的孩子似乎不太珍惜師生情誼。好比之前有一次，老師特地陪幾名學生去參加一場布爾日外地的表演。他大可以不用去，但是為了學生，他還是前往。可是當天表演結束後，卻沒有人過來和他道謝，感激他的陪伴，他自己又默默地離去。

我和布諾就在課堂上的對話中，培養出亦師亦友的情誼。每當他因為背痛發作或是其他原因，無法從巴黎來布爾日上課時，我都會捎上問候的訊息。有一次，他非常感性地傳訊息告訴我：「謝謝妳，常常傳訊息關心我的身體狀況，讓我很感動。當然，妳能有

我在琴室中練琴。

這樣的關懷，我不意外。」—

收到這通訊息的時候，我非常感動。因為我知道，布諾感受到了我真誠的心意。

當時，我其實沒有什麼自信，而且在第一個寄宿家庭中，因為個性不合的緣故，有時造成摩擦與誤會。我不只一次打電話向布諾訴苦，順便談談練琴的瓶頸。等到換了第二個寄宿家庭後，雖然相處的很好，可惜他們後來搬家，所以我不得不又換了一次寄宿家庭。

對我而言，布諾是很棒的存在，在屢屢更換寄宿家庭的情況下，布諾就如同一座穩固的靠山，安定了我的心情。

FRANCE 5

和聲課

記得我在音樂學院的第一天，上的是和聲課。

我的和聲老師名叫奧古斯丁（Augustin），他是個溫文儒雅、憨厚老實，說話輕柔而溫暖的人。

那天他向同學們簡單介紹了我，緊接著便開始上課。

我坐在一個戴眼鏡的女孩旁邊，女孩旁邊的同學也戴著眼鏡，他是一個身高很高的黑髮男孩；男孩的另一邊坐著一位姐姐。

由於我是第一次上課，因此格外專心地聽課，深怕自己漏掉了什麼內容。

奧古斯丁老師給了我一張基礎和聲的習題，他要我做完之後，讓他看看，藉此就可以得知我的程度。

法國的和聲教學方式，和臺灣的有很大的不同。

我只在臺灣上過半年的和聲課。當時，我是在鋼琴老師馬老師的介紹下，向鄭老師學習作曲與和聲。

臺灣的和聲教學方式，是先給予低音，透過這個低音，可以直接推導出和弦的調性和和聲；接著，學生再填上和弦中的其他三個音。或者也可以先給予高音，但是這種條件比較困難，學生得自己推導出和弦的級數、調性和和聲中的其他音，然後再填寫和弦剩下的三個音。

在法國，除了要有和聲填寫的基本概念，例如推導出調性、和聲級數、是否有轉位等等之外，還要給予每個聲部專屬的旋律線。

對於在臺灣學習和聲的我而言，這是一種全新的境界，令我相當不習慣。後來我與臺灣的鄭老師聊天時，才得知法國此種教育方式，相當於臺灣主修作曲的大學生所接受的和聲寫作訓練。可是，在法國這卻是稀鬆平常，連和聲初階的學習者都必須要學會的技能。

除了和聲外，我們也學習曲式分析，這就像是學習如何聆賞音樂。除了要懂得分辨曲子創作的時期，也就是了解音樂史的背景之外，還包括對曲風加以掌握。這意味著，我們必須先熟知各音樂家的創作風格、派系、特性。另外，音樂的調性、使用的樂器、樂曲的色彩（輕快或悲傷、慢板或快板）等等，我們都要在聆聽之後，提出自己的想法與感受。

FRANCE 6

遇見熊先生

越是專心，時間彷彿就過得越快。一轉眼，和聲課便到了下課的時間。而就在全部的同學起身準備離開之際，我突然想到，完了！我不知道怎麼走回家！之前，語言學校的老師已經帶我走過一兩次路，但我還是不太記得。我只記得會經過一片偌大的停車場，後頭已經忘得一乾二淨，而現在，我就連該怎麼去停車場都不曉得。

正當我急得心裡發慌的時候，方才那位很高的戴眼鏡男生，突然走來跟我說話。他有一頭深色的頭髮，初次看到他時，我以為他是個冷淡的人，沒有想到他竟然主動來跟我搭話。原來我們都是同一位鋼琴老師，剛好這堂課又同班，所以他來與我打招呼。

當時我還在思考著待會要怎麼回家，其實不怎麼認真聽他說話，只是微笑著點頭，然後回想著被我遺忘的路。不過，我也覺得不應該敷衍地回覆他，這樣很不禮貌，但一時又找不到話回應。於是我沒頭沒腦地冒出一句話，問他：「你吃飯了嗎？」下課時間剛好接近傍晚要吃晚餐的時候，而以我當時微薄的法語能力，也講不出太複雜的話語。這句話從我的口中溜出，似乎也是理所當然。

只見戴眼鏡的男孩愣了一會兒，然後聳聳肩說沒有，並且問我要怎麼回家。

噢對！回家！

我中斷的思緒又被連接起來，繼續苦惱於回家的路線。

我只好告訴他：「其實我不曉得怎麼走回我家。」

男孩愣愣地眨了眨眼，隨即笑道：「那我陪妳走一段路吧。」

他聽了我的描述後，順利地帶我找到那片「大停車場」。一路上，我們也沒怎麼說話。我努力地試著找話聊，得知他有一個妹妹，也才知道他學鋼琴其實只有五年，但已經能彈奏許多高難度作品，比如蕭邦的《革命練習曲》、拉威爾的《噴泉》（又稱《戲水》）等曲目。

站在他的身旁，由於他很高大，而且演奏的程度也很好，我突然感到自己很渺小。

後來，我和他在大停車場前道別。他聽了我描述的地標後，為我指了一下路。我不希望再麻煩他，便告訴他接下來我可以自己走。他叮嚀了我幾聲路上小心，便回頭走去音樂學院，準備開車回家。

這就是我和熊先生（Alexandre）的初次相遇。
至於，他為什麼會叫做熊先生呢？這又是另一段故事了。

FRANCE 7

我最期待的高三哲學課

從二〇一四年二月一直到暑假前，我上的是語言學校和音樂學院的課程。這段期間，也算是平靜地度過了。

二〇一四年九月開學後，我便進入布爾日鎮上的高中就讀一年級。

在異鄉法國讀高中，對我來說是個很大的挑戰。

一開始我著實不習慣，累積的壓力也就越來越多。

我在臺灣才剛讀完高一就來到法國了，所以並沒有高中文憑，家人希望我至少能將高中讀完。當時以年紀來說，我已經是應該升上高三的年紀，但是因為語言程度的關係，必須降級從高一重新開始讀書。

我一心只想要學音樂與法語，所以對於此事百般抗拒。

那時，視野窄小的我，總覺得自己得比平常人晚個兩年才能畢業，很不情願。當我在臺灣的同學們都已經升上大學，朝著人生的道路奔馳時，我竟然還卡在一個人生地不熟的高中讀書，這真是令我懊惱。

不過，隨著自己的程度慢慢進步，眼界逐漸開闊，我也開始理解到讀高中是為了未來鋪路。儘管有些時候唸了一整天的法語，感覺心身俱疲；但是，我知道這一切都是值得的。

更何況，我非常期待法國高中三年級時的哲學課。

在法國的學制中，高一必須學習全部的學科，就像臺灣一樣；到了高二，就分為文組、理組、經濟組，按照內容不同，分班學習。高二升高三的暑假，所有組別的學生都要考法語學力測驗，而文組的學生也會加考基本理科。升上高三後，就不再上法文課了，改成占分非常高的哲學課。高三畢業前，則會舉行全學科的學力測驗考試。

法國的學生們都對哲學課的到來叫苦連天，但我卻十分的高興與期待。因為我本來就很喜歡思考，也對哲學有興趣。

FRANCE
8

天堂老師

我的哲學老師叫做「天堂老師」。

他的姓氏Paradis在法語中就是「天堂」的意思，我覺得非常有趣。天堂老師也是我高三的級任導師。他戴著一副眼鏡，老愛穿淺綠色襯衫，總是將衣服紮進西裝褲裡。他的左眼似乎容易疲累，每當上課上到一半，他就會拿出手帕擦拭眼角流出的眼淚。

在哲學課裡，我們討論了各種主題：愛、道德、教育、工作、社會規範、自我意識、宗教、政治、藝術、美學、利他等等。藉由各種主題，我們也接觸到各個時期的代表性哲學家，以及與之相似、相反的思維脈絡。

上課時，老師會先以一篇小論文開頭，告訴我們本堂課的綱要，然後再帶著我們逐一深入探討。

從這一點方式，可以看出臺灣和法國在教育方法上的不同。

臺灣的高中課程常以課本內容為重，老師帶領學生畫重點、考試多半不能不死背，但是，法國的哲學課幾乎不使用課本，學生必須專心聽老師講說，同時自己書寫課堂筆記。法國的老師也很少寫板書，多數都以簡報或口述進行，所以學生們的法語聽力必須很好，寫字速度也要跟上老師。

除此之外，法國的哲學課還有一個與我想像不同之處。

本來我以為在這堂課裡會讓學生彼此辯論。不過，天堂老師希望學生們能先好好的聽他把話說完，待消化思考之後再發言。他認為，比起不假思索的發言，更重要的是了解一件事情的全貌。如此一來，提出的問題會比較有建設性，也相對來得有意義。

我最喜歡的是圍繞著「自我意識」的探討。在這堂課中，除了認識到笛卡兒著名的「我思故我在」之說，我們也探討了人們如何論證自我意識，以及人們是如何藉由與他者追尋相同的目標（例如共通的「欲望」），而如鏡射一般意識到「自我」的存在。蘇格拉底認為，人們追尋自我意識的方式，是透過與人面對面的交談。而人們進行哲學思考的本意，也就是在與他人的相互往來論證之中，找到「自己的想法」。所以，如果我們總是獨自思考，必然會有所侷限。

我在高三的哲學課中，讀到了很多哲學家、思想家（不限於哲學領域，但是對哲學思辨有貢獻的人士）的論點與作品。比如：柏拉圖、尼采、海德格、盧梭、列維納斯、沙特、卡繆、西蒙波娃、康德、佛洛伊德等等。我們也研究了佛洛伊德所說的「伊底帕斯情結」，並以哲學的角度探討精神分析，這一堂課亦使我感觸良多。

說到我最喜愛的哲學家，那就非卡繆莫屬了。

高二時，我曾閱讀過他的作品《異鄉人》。書中的主角是一位名叫莫梭的男子，他的情感反應與他人很不同，而且厭惡太陽，最後甚至殺了人。透過這則故事，卡謬表達了他所謂的「荒謬論」。

我還記得，很多法國同學紛紛反映這個故事很奇怪、很沒道理。但是，在長年歷經感覺統合問題的我的眼中，主角莫梭與我卻有許許多多相似之處，因此我對此很有共鳴，更因此迷上了卡繆的哲學。卡繆不僅質疑存在的根本意義，更指出人們往往身處於「疑惑自己為何存在，卻又無法給出答案」的苦惱當中，他將這種狀態稱之為「荒謬狀態」。

談到荒謬論時，天堂老師曾經拋出了一個讓我大受震撼的問題。他說：「其實，最根本的問題並非『人們為何要抵制自殺』，而是『人們為何不自殺』。如果生存的終點是死亡，為什麼我們仍要這般努力的活著？」

究竟，是為什麼呢？

目前的我，似乎還沒有明確的答案。或許就像卡繆所言，我們之中，沒有一個人能對所謂的存在，提出透徹的解釋。

天堂老師也曾打趣地告訴我們，許多家長都向他抱怨，孩子的課業已經無比繁重，忙得都要喘不過氣了，為什麼高三時偏偏還要多上一門哲學課?就如同臺灣的家長所希望的一樣，在法國，也有某些家長認為讓孩子好好學習一般學科比較要緊。他們認為孩子只要學習法文、英文、自然、社會等必修科目即可，不必這麼早地進行「哲學思考」。

但是，天堂老師認為，學習哲學並沒有年齡的門檻，應該說，光是「思考」這個舉動本身，就是一種哲學了。

我最喜歡的卡謬作品《反抗者》。

他說：「一位哲學家，並不像多數人刻板印象中認為的，必然是個瘋瘋癲癲、每天問一堆奇怪問題的人。其實，一位哲學家，或者一位熱愛思考的人，在某種層面上，都是個十分痛苦的人。因為他們會陷入思緒之中，不斷地與自己對話，以求得到解答；他們也常常在與他人的論辯中，不斷推翻自己舊有的想法，一次又一次地逼近真正的自己。因此，哲學思考需要花費非常多的腦力和心力，而這也正是思考的魅力與奧妙所在。」

當我們意識到自己正在思考的時候，我們是真的在運用自己的腦袋，得出屬於自己的觀點嗎？還是，我們只是把他人的想法，例如從教科書、作品或他人言語中得來的概念，誤認為是自己的想法了呢？

對我而言，光是要得出自己「真實的想法」，就值得反覆推論好久好久。

不過，這不就是我喜愛思考的原因嗎？

我提出的想法，或許不見得正確、不必然最頂尖；我書寫的文字，也許無法百分之百地表達出我的所思所想，但是，透過閱讀、自我對話、交談、驗證的過程，我可以慢慢找到自身的定位、也可以釐清從小到大糾結的思緒。

FRANCE 9

我好像喜歡上他了

除了高中以外，音樂學院的課也同步進行。

而在和聲課、曲式賞析外，還多了令我頭疼的樂理課。

樂理課的下課時間老是拖得很晚，將近晚上九點，而我每次獨自走夜路回家時都感到膽戰心驚。

可喜的是，我在國小時的學妹兼好朋友SoSo也來到布爾日讀書了。她從國小畢業後就順利地進入音樂班就讀，一直到高一才決定來布爾日。我和她一起住在同一個寄宿家庭，每當有樂理課的晚上，都是相伴走路回家。

樂理課開課的第一天，我竟然忘了帶空白樂譜紙。

正感到心慌的時候，坐在前方的男同學轉過頭來，把一張撕的不怎麼平整的空白樂譜紙遞給我。

我向他道了謝，這才發現原來他是熊先生。

我覺得有點害羞，也沒再繼續說話，便埋頭寫起老師交代的事項。

不過，當天晚上回到家，我隱約覺得自己掛念著熊先生的事。我好像喜歡上他了。看來，我對於主動表示友善的人確實無法抗拒。

其實熊先生常常在和聲課和曲式賞析課的休息空檔找我閒聊。我們兩個人的話都不多，頂多聊聊最近自己在練習什麼曲子，但是，友情也一點一滴地建立起來。我如果有什麼不懂的事情，都會鼓起勇氣去請教他。而我和他真正變得熟悉，則是在開始上樂理課之後的事。

熊先生有時會禮貌地詢問我與 SoSo，需不需要開車載我們回家。礙於不好意思麻煩他，我們總是搖搖頭地向他道謝。

某一天，曲式分析下課後，正當我準備獨自回家時，熊先生再次問起是否要送我回家。因為 SoSo 並沒有修這門課，而我的路癡毛病並未改善多少，便答應了他的幫忙，我心裡也想著，可以趁著散步的機會多認識他。

果不其然，平常明明只有十五分鐘的路程，因為我幾近空白的記憶，而花費了將近一個小時才到家。途中，我經常無法確定路線，以致於我們在同一個區域裡不停地打轉，繞了許多的冤枉路。

我連忙向熊先生道歉，擔心會耽誤到他的時間。而不斷地兜著圈子，也讓車子裡瀰漫著一股淡淡的無奈氣氛，不過，他的確是一位很有耐心的人，我們還是很愉快地談笑著，直到我的寄宿家庭出現在眼前為止。

經過這一次的相處，我們也變得越來越熟識，有時我也會搭他的車回家。也開始將自己創作的曲子傳給他聽。我總是以即興的方式彈奏作曲，並直接錄音，因為要將音符書寫在樂譜上，對我是一件非常難的事情。

記得是某一堂的和聲課中，奧古斯丁老師告訴我們，可以將自己作的曲子拿給他看看。當時我聽了便面露難色，我一直有作曲的興趣，可是卻從來沒有謄在樂譜上。深知這一點的熊先生，自告奮勇地告訴我，他會幫我把樂譜打好。

而他真的完成了！

就這樣，在不知不覺間，我們開始互通信件、互相推薦音樂，也一起練習用四手聯彈的方式，彈奏舒伯特的《幻想曲》。

這首曲子對我來說很難，但我總是充滿幹勁地與他一起練習。

FRANCE
10

愛情的萌芽

到了十月，法國有兩週的長假La Toussaint（類似臺灣的清明節）。熊先生提議要帶我和SoSo一起去溜冰場玩。

那是第一次到鎮上的溜冰場，我和SoSo都很興奮。

SoSo知道我很喜歡熊先生，常常貼心地讓我們兩人多相處。不過，他們兩人還是聯手欺負我，把溜冰場的碎冰塊放進我的衣服裡，害我冷得直打哆嗦！

我雖然喜歡著熊先生，卻不能確定他是不是也喜歡我。有時也不免想像，他會不會其實更喜歡SoSo呢？SoSo不僅鋼琴彈得好，而且是個很可愛的女孩。

有一回，我與熊先生有了單獨相處的機會。我與他聊了很多事情，發現彼此在許多想法上都很相近。

我們聊到關於善良、家庭、未來的種種。熊先生的確如我所想，是一個善良的人。而不知怎麼地，我們也聊起了對戀愛的看法。

我們想著，該如何才能獲知他人對自己的感覺？又該如何才能確認對方是否也喜歡著自己呢？我們還回想起自己在感情關係中是偏向主動或被動的一方，以及小時候喜歡上一個人時所做的瘋狂之舉。我告訴他我曾經因為過度熱情、過度黏膩，把朋友都嚇跑了；我總是主動的那一方。熊先生則說，他是個比較害羞、被動的人，因為他擔心被對方拒絕。

然而當天回到家後，我還是不禁繼續猜想，熊先生會喜歡我嗎？

到了隔天，熊先生一如往常地載我和SoSo回家。下車之前，他小聲地對我說：「我很開心能擁有妳這位朋友，但我希望我們能夠不只是好朋友。當然，如果妳覺得現在不合適，我可以等妳，沒關係。」

我一整個人呆立在原地。

在不知所措和驚嚇之下，只能勉強對他擠出笑容，僵硬地說：

「我需要考慮一下。」

接著我便頭也不回地拉著SoSo，一路跑回房間裡，與她討論剛才的對話。

隔天到了音樂學院後，我把自己關在一間琴房裡練琴。

雖然對於昨日的問題，我心中大致已有決定，但是真要開口答覆熊先生，還是讓我感到萬分彆扭。

過了不久，熊先生也來到我的琴房。

他安靜地坐在旁邊，看著我練琴。

過了許久，我才停下敲擊琴鍵的手指，轉身對他說話。

「關於昨天的事，我覺得我們的確是很棒的朋友，但也可以試試……」

「試試什麼？」他說。

「嗯，你知道……」我臉一發熱，不敢再說下去。

「噢。」他點點頭，似乎也不好意思多問什麼。

「嗯，那待會見。掰掰。」

我竟然因為不知所措，就這麼把他趕出琴房。

後來，在我的十八歲、十九歲、二十歲生日，以及每一個難過與快樂的時刻，熊先生都陪伴著我度過。他是個體貼溫柔的人，每逢節日，總是會以手寫的信件、卡片與親手做的禮物，向我表達用心和溫暖。有一次，他還寫了一封中文信給我。他並不會中文，據說這封信花費了他大半天的時間，還先拿去給 SoSo 修改文法。雖然是短短的幾行字，卻寫得肉麻兮兮，我看了兩分鐘，他卻寫了四個多鐘頭。

我常常覺得熊先生比我更心思細膩。比起我來，他似乎更像是個女朋友的角色。因為親手製作禮物或耐心地寫一手好字，對我這種容易分神的性格來說，實在很不容易。儘管如此，我還是非常的在乎他，也希望他能夠過的快樂幸福。

這一路走來，許多人曾疑惑地問過我，為什麼我要喊他「熊先生」。

其中有個小故事。

在我們剛開始交往的那一陣子，熊先生邀我一起去看電影。

我們選了一部迪士尼出品的棕熊紀錄片，內容主要講述棕熊媽媽帶著熊寶寶一起生活的故事。電影結束後，我們回到車子裡聊天，聊到一半，氣氛突然變得一陣安靜，接著伴隨而至的是令我心臟怦然跳動的初吻。為了紀念這一天，也因為熊先生總是如同大熊一樣保護著我，使我感到安心，所以我便開始喊他熊先生，而他也叫我小無尾熊了。

直到如今，我仍然感謝著他始終如一的愛情。除了我的父母、家人，以及最好的朋友以外，他是我前往夢想的路上，最無可取代的心靈支柱。

FRANCE 11

熊先生與我的臺灣之旅

二〇一七年二月十一日，法國時間凌晨五點，天色依然如同黑夜。我和熊先生提著行李箱，在路旁等待計程車的到來。

這一天，我們即將一起返回我的家鄉臺灣。

繼幼兒時期毫無記憶的飛機之旅後，這是熊先生第一次以自己賺得的收入出國旅行。而我雖然在寒暑假時往返兩地，搭飛機的經驗比較多，但是仍然很害怕亂流，上飛機前，也感到莫名的緊張。還好我們兩個彼此作伴，在飛機上觀看電影，可以沖淡些許的不安，十三個小時的飛航時間一下子便過去了。

熊先生不太會說英文，中文也剛起步，因此，在出發之前，我就做好了要替他翻譯的準備。

一抵達臺灣，我實在難以壓抑興奮之情，拉著他就往入境的大廳奔跑。一路上，熊先生也完全開啟觀光模式，看到什麼都不停猛按快門。這時的我一心只想趕快見到爸爸、

熊先生、奶奶與我。

媽媽，給他們一個大大的擁抱。

第一日：探望新竹的奶奶

我們到達臺灣時約莫是早上八點。辦完入境手續、和爸媽見到面時，差不多是九點半。因此，我們決定直接到新竹市區逛逛。爸爸開車載我們到市區後，就和媽媽先回家休息，中午再出來與我們會合。

熊先生在這裡試吃了雞蛋糕，他覺得很好吃。我們接著到新竹東門城附近走走，並在護城河旁坐下來聊天。他真的跟我一起在臺灣！我有一種美夢成真的感覺。

午餐時，熊先生學會了一句中文：

「請幫我加水。」

午後，我和熊先生及父母去了奶奶的家。奶奶九十三歲了，仍然非常健朗。她是一位有智慧又和藹的長輩，雖然身軀嬌小，但是卻有一顆寬廣美麗的心，而且她的人生中擁有許多的故事。

為了不打擾奶奶午休，我們只逗留了一下子。臨走前，我給了奶奶一個大大的擁抱。奶奶告訴爸爸：「我們家雅雅這樣，真是蔚為奇觀。」

那時我不怎麼理解奶奶的話，只知道他們都很喜歡熊先生。

第二至六日：木柵動物園、西門町、士林夜市、故宮博物院、國家音樂廳、行天宮，探望好友與外婆

第二天，我和熊先生搭爸爸的便車前往臺北市立木柵動物園。

這天預定和我的好友小鈺及小柔見面。我們在觀賞可愛的動物之際，也照了許多的相片做紀念。

熊先生在早上出門前就顯露出不舒服的神色，而接下來的三天裡，他也出現腸胃不適的症狀。雖然稍微影響了行程，但並不影響愉快的心情。

我們後來還去了西門町、士林夜市、故宮博物院等地，並在第五天的晚上，和我的好友 Tony 一起到國家音樂廳聆賞臺大合唱團的演出。那真是個美好的夜晚。

熊先生對於故宮博物院印象深刻。記得我們看到許多古代文物，也看到清朝時期的中國與法國簽訂的土地條約，內容還有法文呢！我們在那些條約前也看了特別久，他讀法文、我看中文，非常有趣。另外，我們也欣賞了許多古代名畫及瓷器、玉器。

從故宮離開後，我們在附近的小攤販買了一串香腸。臺灣香腸和法國香腸在製作方式上很不一樣，熊先生似乎很喜歡臺灣的香腸。他也覺得臺灣的小攤販既便宜又好吃，不像法國，外面只有餐廳，食物雖然可口，但通常價位偏高。

他也十分嘆賞國家音樂廳的東方建築外觀。音樂廳內部有華麗的擺飾，樓梯上也鋪著高貴的紅地毯，舞台後方還有一架巨大的管風琴。這裡的景象讓他念念不忘，直說下次再來臺灣時，一定還要再到音樂廳欣賞表演。

在臺北的最後一天，我們去探望了外婆，合照了幾張相片。

當我把相片傳給爸媽看時，爸爸跟我說：「你們多照幾張相，婆婆跟你們在一起的時候，笑得好燦爛。」外婆和我在一起的時候總是帶著微笑，而我也很滿足，很喜歡和外婆相處。

為了讓熊先生認識道地的宗教文化，加上外婆也希望帶我回廟裡還願、感謝神明保佑我平安長大，所以我們一同搭公車到行天宮裡參拜。在出發前，外婆要我先寫好一份講稿，內容是向恩主公關聖帝君稟報感謝之意。我覺得這是一次很有趣的經驗，熊先生也覺得很新鮮。

第七至八日：九族文化村、日月潭，與爸媽同遊

第七天和第八天是我非常期待的日子。

在那珍貴的兩天中，我與熊先生和爸爸媽媽四人，到南投的九族文化村和日月潭旅行。雖然爸爸、媽媽和熊先生的語言不通，但爸爸常常默默地觀察著他，也偷偷地向我透露，他和媽媽都非常喜歡熊先生的個性。藉由我的翻譯，熊先生努力的和我的爸爸、媽媽交流，逗得他們非常開心。

傍晚，我們租了魯凱族的傳統服飾。我穿上公主的衣飾，熊先生則扮成一位勇士。有些遊客見了盛裝打扮的我們，還以為我們是園區裡的嚮導，有一位小妹妹也拉著家人過來，主動與我們照相。臨走之前，她問我：「為什麼這個穿原住民衣服的哥哥不是原住民，是個外國人呢？」我和熊先生相視而笑，覺得她很可愛。

隔天上午，記得我們還租了協力車來騎。我和熊先生騎一台、爸爸和媽媽騎一台。其

01

02

01 爸爸、媽媽熊先生、與我。

02 熊先生、外婆與我。

實我因為感覺統合的平衡感問題，也很害怕路上的車輛，所以從來不敢在外面騎腳踏車。而這一天因為有熊先生和爸爸媽媽在場，我也跟著卸下心防，決定嘗試這項我害怕的事物。

騎著騎著，我發現我一點都不害怕騎腳踏車了。由於對熊先生的信任，以及戰勝了恐懼之故，我甚至邊騎邊愉快地哼起歌來。

天氣晴朗、陽光普照的這一天，愛照相的媽媽也拉著我們留下美好的記憶。在我的人生中，這兩天是我永遠難以忘懷的經歷。

第九日：與樂樂一家人吃飯

隔天，我們原本要到臺中的科學博物館參觀，卻忘了正好是星期一閉館的時間。行程因此取消，原本期待已久的熊先生失望難掩。我們也因此改到一中街的商圈附近走走。

第九天的早餐是熊先生最喜愛的一頓早餐。我們回臺灣後的第二天起，每天吃的幾乎都是中式早餐或便利商店裡的麵包。而這一天終於吃到新鮮烘焙出爐的可頌，讓熊先生一臉說不出的感動，他還拍下早餐的照片傳給家人，羨煞他們一番。

在臺中的晚上，我約了國小時最好的朋友樂樂及他的家人一起吃飯。這趟回國前，我很早就開始與樂樂的媽媽聯繫，並且約好一定要見上一面。

樂樂的父母與弟弟都是溫暖又熱情的人，對我和熊先生非常親切。

倒是樂樂見到我時有些害羞。我們問樂樂，還記不記得我？樂樂嘴巴上說著不記得了。但是樂樂的媽媽說，他應該是還是記得的。

九年後再次見到樂樂，他已經是個可愛的大男孩，和小時候那個與我一起聽音樂、拍手的樂樂沒有什麼差別，臉上還是掛著陽光般的笑容。

我們吃了一頓豐盛的晚餐，也愉快地聊了天。雖然樂樂沒有說什麼話，但是看到他我已經很開心，也很感動，想起了小時候常常膩在一起的時光。

第十至十一日：奇美博物館、安平古堡

第十天，終於來到熊先生期待的臺南奇美博物館。博物館中展示了許多樂器，熊先生對小提琴特別有興趣。我們還參觀自動樂器的表演，認識了許多有關自動樂器的知識。當天我們在臺南的小伯伯家中住宿。

第十一天上午，伯母開車載我們去安平古堡與老街參觀，順道在附近眺望了海景。我還是不敢赤腳走沙子，甚至只要一靠近海邊就會開始恐慌。但是，那天我試著拋開膽怯，也穿著鞋子踏在沙上，對我來說，這是一次很大的進步。

第十二日：臺北一〇一、九份

我們還去了臺北一〇一的觀景台，眺望全臺北市的風景。電梯爬升的速度飛快，使我的耳膜隱隱作痛。但是，當我們往下一看，市區上的建築與人車，就變得像樂高玩具一樣的迷你。喜悅之餘，也稍微減緩了我的懼高問題。

這一天下午，爸爸特別向公司請了半天假，帶我和熊先生到九份走走。下著雨的九份很美，但也有些清冷。

為了讓我們暖暖身子，爸爸帶我們去小店裡，喝了一碗貢丸湯。我也嘗試了我一直不太喜歡的杏仁茶。在這一連幾天的旅程裡，我努力地突破各種心理上的抗拒，也感覺到自己正在慢慢的適應各種難以適應的問題。

在回程發動車子前，爸爸遞給熊先生一個小塑膠袋，裡頭是一只精美的陶笛。細心的爸爸發現我和熊先生在一家陶笛店門口停了下來，讚嘆著陶笛的手工精緻，卻沒有購買。因此，他偷偷在我們後頭將陶笛買下來，當作紀念品。

熊先生很開心地拿起來吹奏。那只陶笛有著溫暖的聲音。我也非常喜愛。

謝謝你，爸爸！

第十三日：科學博物館

接近尾聲的第十三天，我決定送給熊先生一份驚喜。

好險，這天不是星期一！

按照原定計畫，我們本來打算搭火車前往內灣老街。但是我臨時改變了計畫，請爸爸載我們去高鐵車站。熊先生並不知情，因為當我向他解釋交通工具時，一律都說是搭乘火車，所以沒有讓他起疑心。

這一天，我決定帶他前往臺中，彌補前幾天錯過科學博物館的遺憾。直到搭手扶梯上月台時，我才向他揭曉今天的真正目的地，他聽了非常開心，一直向我道謝。

科學博物館曾經占據了我遙遠童年回憶中的一小角。我已經很多年沒有再去參觀了，當然，多年後的這天，展覽廳的內容已經大為不同。

本來我很期待能帶他去玩「巨大泡泡」，在那個遊戲設施中，泡泡大得可以把人包進裡頭。可惜那個展覽空間已經換新，設施也跟著撤除了。

即使如此，我們仍然玩得十分盡興。當天有一個腦科學特展，裡面有一副可以讀取腦波的電子貓耳朵，能夠隨著我們的心情，變換耳朵的動作。

我當時想著，電子貓耳朵的技術或許可以用於幫助有特殊需求的孩子，讓他們藉此學習辨識他人當下的感覺和肢體語言，培養「察言觀色」的技巧。

那天，熊先生和我就如同孩子一般，玩得不亦樂乎。

♫

這一趟臺灣返鄉之旅，我和熊先生經常在外頭與家人、朋友聚餐。在行程結束前的最後一天中午，爸爸特地親自下廚，為我們煮了一鍋美味的大鍋菜與水餃。就在我與熊先生大快朵頤之時，爸爸突然嘆道：「我知道為什麼奶奶說我們雅雅這樣是個奇觀了。」

「為什麼啊？」我反問。

「坦白說，」爸爸看了看熊先生：「他一個外國人，來到臺灣，竟然能如此自然地和我們像家人一樣互動，真的很難得。」

真好，我心想著，大家都好喜歡熊先生呢！

Alexandre's memories

熊先生的回憶

（本文由作者翻譯）

與他人相識是人生中十分重要的一環。倘若沒有與他人的交流，人們將無法存活。為什麼？因為與他人的相識，使我們成長、造就了我們正在成為的那個人。我們會成為現在的我們，都是因為人生中形形色色的相識。

每一天，我們都與成千上萬的人們擦肩而過，然而，在這些人們之中，能夠直接影響我們生命的卻不多。

生命乍臨之初，家庭是我們首先認識的環境（如果我們夠幸運、能夠擁有一個家庭的話），而家人將會在我們的人生中給予幫助，使我們學習到生命中各式各樣的事物，舉凡說話、吃東西、走路、騎腳踏車等等。

接著，當我們進入校園，我們便開始與其和我們年齡相同的個體相識，而我們也藉此學習到分享、學習到讓步，我們開始交到朋友，朋友為我們帶來了歡笑，也讓我們得以借鏡。而，某天，我們會認識一個人，一個讓我們總是微笑著、讓我們感受到生命各種色彩的人。那個我們一看到，就會知道是她（他）的人。

那是一個乾冷的冬季早晨，故事即將展開。天空有著一抹微藍，但儘管陽光普照，空氣卻是那般地冰冷，即使蜷縮在我的海軍藍厚外套裡，我還是不住地打顫，只有耳機裡輕柔的蕭邦能夠使我稍微感到暖和一些。

噢，我心中不住想著，蕭邦果然是如此才華洋溢，他所創造的旋律是如此溫柔、如此奇妙、如此脆弱、如此美麗、如此令人著迷，彷彿每個音符都能夠將我們引領到另一個世界。

我覺得非常冷，默默祈禱著公車可以早些到來，這樣我才能夠不必忍受外頭寒意的逼人。如果是在一般狀態下，絕對不可能看到我對進入公車之事有任何的期待，畢竟，我最討厭像沙丁魚一樣，在擁擠的交通工具裡頭被壓縮著，而且因為車上人多，更好像我被他們監視著一般，所以我實在不喜歡公車。只可惜，在考上駕照前，我別無選擇。

公車不久後來到。身旁幾個同樣等待著公車的人們開始魚貫地上車，裡頭的溫度實在是舒服多了。我坐在一個靠窗的單人座上，驚訝地發覺這個座位下方正放送著暖氣，因

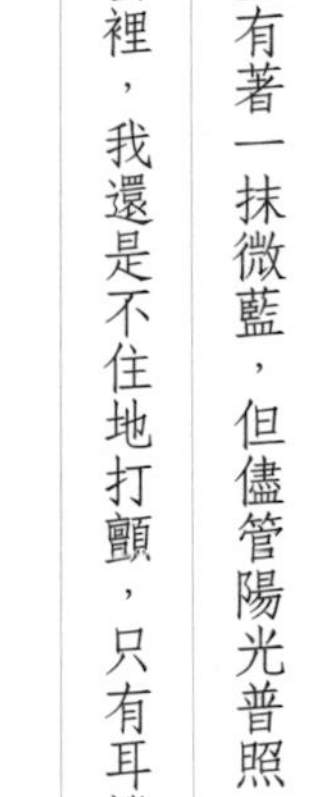

此，整個路程上，我的腳都非常溫暖。

由於有音樂的陪伴，時間似乎過的比想像中的還要快，窗外的景致如同跑馬燈一般快速閃過，我腦中的想法一個一個呼嘯而去，我的靈魂彷若也跟著漂移到遙遠的彼方了。即使我痛恨公車，但蕭邦的樂音讓這一切都好了一些。

在我幾乎沒有意識到的瞬間，公車制式的機器人聲宣告到站，我快速地收拾好背包，往車門邊走去。當車門開啟，冰冷的空氣又再度襲擊我，我緊緊地將自己的臉包裹在圍巾中，走向駕訓班，開始為時兩個小時的日常訓練。

我預計在下個禮拜考駕照，因此格外地努力練習。

駕訓班的兩個小時過得很快，但我的教練令我緊張，他不斷告訴我，我應該如此這般。不過，初學的我，的確還有很多需要學習的事。

駕訓班的訓練結束後，我終於得以前往音樂學院練琴。當音樂學院的自動門敞開，一股熱氣環繞住我，就彷佛進入了熱帶雨林一般。這裡的室溫比公車上更為溫暖。

我的眼鏡幾乎馬上就被霧氣弄得模糊，在幾乎無法好好看到前方的狀況下，我緩緩地走向櫃台，並借了一間琴房。時而煩躁時而友善的櫃台阿姨將「李斯特」琴房鑰匙交到我的手中。

是的，每個琴房都以一位重要音樂家的名稱命名，舉凡蕭邦、莫札特、德布西等等，都變成了琴房的名字。

名為李斯特的琴房在二樓洗手間的對面，這間琴房沒有窗戶，也因此，在這裡練琴顯得有些憂鬱，但是這間琴房裡放的是一台三角架鋼琴，而且因為沒有窗戶的緣故，所以特別溫暖。

經過約半小時的基礎練習後，我從背包中翻找出樂譜，開始練習布諾選擇的曲目：兩首史克里亞賓的練習曲、一首蕭邦的前奏曲、一首我去年考取鋼琴第三級時已經演奏過的拉赫曼尼諾夫的前奏曲。（譯注：音樂學院內的課程，第一級需學習為期四到五年，學生通常是七歲左右的孩子；第二級為期三年，第三級同樣學習三年。第三級後，就進入相當於職業音樂家的特別等級：DEM；考過第三級對學生而言是很重要的里程碑，就像考高中學測的感覺。多數考取第三級的學生，也剛好是高中即將畢業的年紀。）

我有許多需要練習的曲子。我的父母已經答應讓我在考完高中學測後停止學業，專注於音樂的學習，事實上，音樂學院裡的樂理課、和聲課、曲式分析課等，已經占滿了我的時間表。

說到鋼琴課，這時我看了看時間，竟然已經早上十點了！我趕緊抓了我的譜和背包，狂奔到一樓的櫃台，交還琴房鑰匙。兩分鐘後，我踉蹌地來到鋼琴教室前，緩和了一下呼吸，我敲了敲門，等待布諾回應，便進入教室。

我和布諾打了聲招呼，很幸運地，上一位學生的課尚未結束，我在教室中的空椅子上坐下，拿出樂譜，繼續在腦中複習。

五分鐘後，上一位學生離開教室，布諾示意我到鋼琴前準備。

「我有收到您寄給我的有關我之前的錄音檔案的電子郵件，謝謝。對了，我不是很習慣拉赫曼尼諾夫前奏曲裡，這兩個小節的指法。」

布諾翻找著他的樂譜，問我：「哪一小節？」

「一百四十八。」

布諾聳聳肩：「要按照你的指法也不是不可以，我個人比較偏向採用上回寄給你的指法。但是你要照你的方法，也可以啦！既然我們已經談到拉赫曼尼諾夫，那麼今天就從它開始吧！」

我按照布諾的指示開始彈奏。

當然，我不會無趣地把我的整堂課描述出來，畢竟無論是影像或是聲音，似乎都不值得我描寫這麼久。

總而言之，布諾對於我那天的演奏還算滿意，他甚至讚賞了我一番。在我和布諾的相處中，受到他稱讚是一件很難得的事，完美主義如他！這也表示，我真的有進步。

當我以為課程已經結束，準備要離去前，布諾想到了什麼似地叫住我。

「噢，我差點忘記。我應該還沒跟你說，一個月後將會有一個來自臺灣的新學生的事吧？」

「呃，沒有，您沒有說。」

「她目前在巴黎，但她很快就會到布爾日了。」

「噢！她鋼琴彈得好嗎？」

「目前我還不是很清楚，是她未來的高中老師跟我聯繫的，她問我能不能在學期中多收一位學生。」

「和外國學生一起彈琴，聽起來很有趣。」

「當然很好。不過她目前似乎還不太會說法文。我猜我可能需要跟她用英文上課，我英文很差，所以再說吧！下禮拜見。」

課程結束後，我走到媽媽工作的地方，等她中午休息時間和我一起吃午飯。

我滿心期待地跟她說起布諾方才提及的新學生的事。不曉得為什麼，對於新學生的到來，我實在很高興。大概是因為我一直期待有個程度相當的競爭對手，能夠和我一起討論音樂。再加上我很喜歡亞洲文化，尤其是他們在音樂上精湛的訓練。

不過，在這個時間點，我還很難猜想往後事情的發展，只能憑空想像那位新學生究竟是怎麼樣的一個人。

而生活又暫時回到以往的寧靜。一個星期後，我面對著車中的方向盤，聚精會神地希望能夠考到駕照。

為此我真的很緊張，前一晚幾乎沒睡，當天早上我的肚子又莫名地不舒服。考試時天氣實在很糟，巨大而厚重的雲層在遠方的天邊積聚，看起來就快要下大雨了。

不過，我的考試倒是在平靜的氣氛中結束了，縱使不曉得結果如何，我仍做了最大的努力，這樣就足夠了。

考完駕照的隔天，我的全家歡天喜地。媽媽給了我一個大大的擁抱，差點沒把我勒死，只聽見她說：「你考上啦！」

考到駕照後，我就常一個人默默練習開車，畢竟在駕訓班時身邊總是有教練陪伴，這和自己一個人單獨開車，還是有很大的不同。

從今以後，我終於不用在冷颼颼的風中等待公車的到來，對我來說真是方便。

而就在這一天，她來臨了。

如同每個星期二，我為了上曲式分析課，而朝奧古斯丁的教室走去。就在這堂課中，我第一次看到了她，她就坐在Marion的身旁，看起來有些徬徨。

我還記得奧古斯丁簡單地介紹了她，告訴大家她來自臺灣、在布諾的班上學鋼琴，如此這般。她幾乎不說話。不過這也容易理解。當我們到了一個人生地不熟的新地方，想必很不知所措。

下課後，我陪她走出音樂學院。就在這個當下（我記得很清楚），她問我吃飯了沒有。

各式各樣的念頭在我腦中亂竄：她為什麼會問我有沒有吃飯？是她想和我一起吃飯？是她不知道哪裡有吃飯的地方嗎？還是她只是單純想知道我有沒有吃飯？

思量許久，最後，我回答：「我還沒吃。」

之後，我們往 Auron 宮的方向走，途中我們稍微又多認識了對方一些，我感到很害羞，但是也很開心。

我還記得我問了她的年齡，由於她還不太懂法文，我也試圖以我極為不流利的英文再問了一遍。我實在羞恥於我零碎不全的英語詞彙，但是最後仍問到了她的年紀和姓名。

後來，我試圖陪她一起找回家的路。其實我對布爾日這個小鎮也不怎麼熟悉，因為我住在距離布爾日約十五分鐘車程的菲西小鎮，因此，那天我實在沒有幫上什麼忙。

走過 Auron 宮，我們到了一片停車場，此時她終於想起來該怎麼回家。當我確定她真的知道回家的路後，我才掉頭，回到音樂學院去開車。

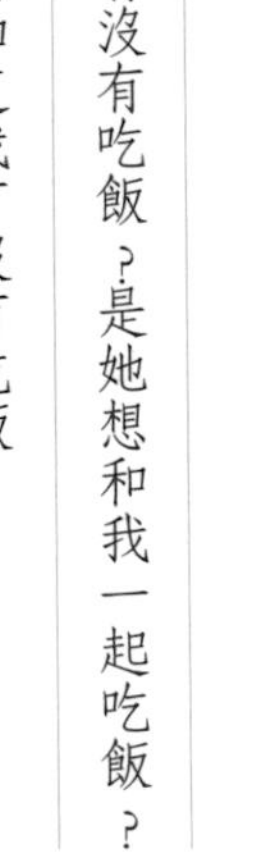

我記得，自己看著她走遠。這是我們認識以來的第一次分離。

當我回到家後，第一件事就是告訴爸媽，我認識了她的事情。當時的我真的很興奮，彷彿有人告訴一個孩子他將可以前往迪士尼樂園一樣。

奇怪的是，其實那天並沒有什麼特別的事情發生啊！不知怎麼地，認識她讓我十分高興。那天晚上，我想著和她相遇的事情入睡。

熊先生（Alexandre）

寫於二〇一四年　法國

PART 3
THINKING

每個人都是獨一無二的。生活裡經驗過的每一件事，都值得用自己獨一無二的眼光，重新觀察，重新思考，重新建立起一套生活哲學，並且付諸行動。

行動，就是在自己的能力範圍內做些「什麼」。只要是出自真誠並且努力過，就算這些「什麼」在外人眼中看來多麼微不足道，它就仍然是一種行動，它就實現了某個部份的自我。

THINKING 1

迷失的開端

瞬著已經有些勞累痠痛的雙眼，我緊盯著電腦螢幕。手上的滑鼠按鍵，不斷點入一頁又一頁社群網站平台，上面刊登的是來自各地的「正妹」投稿照片。

掙扎良久，我最後仍決定發送訊息。對話框從螢幕右下角彈了出來，我在其中打上一段話：

美女集散地管理員，您好：

請問我可以自我推薦嗎？

我的名字是黃明雅。

出生於一九九六年十一月十一日，目前在法國布爾日學習作曲、鋼琴，就讀高中文組。我喜歡無尾熊、巧克力與孩子，夢想是開一家小型音樂學校，帶學生去偏鄉與原住民的小朋友交流音樂，或者是去老人之家、兒童醫院進行義演。

我希望能盡自己微薄的力量，幫助更多的人。

附上我的照片。

麻煩您了，真的很謝謝您。

重新檢視過訊息後，我按下「傳送」。接著，繼續重複上述的步驟：閱覽平台、發送自我推薦訊息，就如同一台工作的機器人。

然而，我並不是一台機器人。我只是因為對外表沒有自信，對自己充滿自卑，而矛盾地想要尋求網路使用者肯定的目光，藉此重新找回信心。

我是否真的如同那些匿名留言給我的訊息所說，是一個醜陋無比的女生？

從國中開始，那些對我避之唯恐不及、在走廊上一看見我，就大喊著「噁心、醜女！」而作勢逃走的同學，他們說的都是真的嗎？

我到法國讀書以後，身邊雖然不再有以往那一類歧視外貌的言論，但是，我的亞洲人身分，一樣會惹來耳語。

我的法國高中同學們多數都很友善，不過，仍然有一些不懂得尊重他人的學生，在我經過時，對我發出訕笑與輕蔑的言語，有時，他們會故意模仿亞洲人說話的腔調，在我耳邊嚷嚷，還以為我聽不懂。甚至有過幾個不懂事的男孩子，隨手拿起小石塊，朝我丟過來。

在進入高中的初期，諸如此類的小事件，就可以動搖我一整天的心情。

尤其是升上高二那年，熊先生離開了布爾日，轉往圖爾鎮唸書，我們不像剛開始那般，每天都有機會見上一面。而我和高一班上幾位要好的同學，也因為分班而變得越發疏遠了。我得重新適應新的班級、新的老師和同學，加上一人離家在外，這些不時傳來的「小玩笑」，使我再一次陷入自卑的情結。

自從送出自我推薦訊息後，我便經常關注手機裡的訊息，期待有哪個平台的管理員會回覆我，答應刊登我的照片，讓我可以順理成章地被歸在「美女」的行列中，被更多的人看見。

然而，一切總是事與願違。除了已讀不回外，我得到的回應一律都是：「謝謝，若有新的消息，我們會再通知您。」

起初我仍然滿心期待，直到時間久得讓我明白過來：原來他們客氣的回應，就是一種婉轉的回絕。

不過，這當中還是有個平台，在沒有回覆我的情況下，默默地刊用了我的照片，而我是在事後無意間再次點閱粉絲專頁時才發現這件事情。

距離刊登發佈日期已經七天了。

七天，我心想，一定有很多人看到我了。會不會有人喜歡我呢？我懷著既期待又興奮的心情，往下查看「讚」的數目。

12。

如此孤單可憐的數字。

其他的女孩，少說也都有五十個「讚」，而我那笑容燦爛、青春無敵的照片，竟然只有十二個讚？！

在那短短的一秒間，我徹底崩潰——彷彿被打回了原形。彷彿再次聽見那一次次嘲笑我醜陋的聲音，和那些羞辱的話語。所有不好的記憶、傷心的經歷，排山倒海而來。我感到胃裡一陣翻騰，眼淚如同洩洪的水壩一般，止不住地滴流而下。

我在床上蜷縮成一團，只有電腦仍然熱燙燙地擱在腿上，我感覺自己的腦袋好似跳針一樣，不斷地重播著那些我最想抹卻的記憶。那個晚上，我就這樣哭著累得睡著了。

THINKING
2

心中的刺

這一切的起因，也許可以回溯到兒時的自卑情結。

從小，我就覺得自己在群體中沒有什麼存在感，很容易被人遺忘、被人取代。就算我再怎麼努力地去表達自己的善意，去呼籲這個、鼓吹那個，卻從來沒有人會認真聽我說話，更別說是感受我的用心。

而這份負面的感受，隨著我的長大，累積為一股更巨大的黑影。有那麼一段時間裡，我即使再怎麼渴望友情，都會害怕得縮回自己的殼中，不想要再付出任何的感情。

儘管如此，我仍然害怕失去、害怕被人厭煩、害怕再被疏離。我害怕小時候的一切經歷再度上演。我不想要再經歷那段從熱絡、熟悉，走向冷漠無言的過程。也因此，我試圖透過各種方法，想要讓身邊的人們看見我、喜歡我，甚至是關注我。

有好長一段時間，我在早上刷牙、洗臉進行到一半時，就會對著鏡子不停地掉下眼淚，甚至是嚎啕大哭起來。更多時候，我根本不敢望向鏡子裡的自己，因為看到了鏡中的倒影，我只會更加厭惡地想起自己的醜陋而悲從中來。即使我隱約知道，人們口中所說的話，可能是不實的指控、惡意的中傷。

有時，我也會反常地仔細凝視起鏡中的自己、再忿忿地瞪視自己，默默地想著：等我長大，或許我該去整容，就像那些人所說的一樣。

那時的我真的覺得自己很醜、很醜，醜到我根本不該生存在這個世界上，反正我只會被罵、被唾棄、被討厭。我所做的一切，即使出於善意，都會因為是我這個人做的，而瞬間失去任何價值。

這些不堪的過往，讓我徘徊在各種鑑定外貌美醜標準的網站上，想要尋得一絲平反。我以為得到這些平台的認可後，那些曾經討厭我的同學、朋友，甚至是老師、家人，才會願意正眼看我。

在我的心裡，曾有這麼一根「刺」的存在。

THINKING
3

找回自我

歷經上述這段傷心的過程後，我努力地調適自己的心境。

剛開始，的確很困難。

即使我知道，我必須抽離那個只注重外表的膚淺世界，但是，我又深陷在另一個地方：文字創作平台。

我四處投稿，而且文章也意外地得到關注。一夕之間，社群網站上的訊息欄裡充滿了寫給我的留言，好友邀請也大幅增加，我享受著這種彷彿成名般的光環，甚至開始經營起粉絲專頁，希望能吸引更多更多的「粉絲」，卻忘了維繫現實中的友情和親情。

而我內心知道，自己這麼做的動機並不純正，這依然是一種為了讓人們注意到我、喜歡我而有的刻意舉動。

那時的我，竟然做著自己最不認同的事，成了一個濫用善良的人。

漸漸地，身邊的朋友好意提醒我，家人也對此憂心忡忡，爸爸更傳了一通訊息來，對我說：「這不是妳。」

看到這封訊息，我才恍然大悟，天啊，我究竟在做些什麼啊？

我感到懊悔與自責，下定決心要找回真正的自己。

當我們強烈地希望改變負面的現況時，我們的能力是如此無窮。

那時，我將自己所建立經營的社群網站全數關閉，從網路上消聲匿跡了將近半年的時間。其實，與我同世代的青少年，幾乎沒有人不使用社群網站。網路就是全世界。不過，當我決定關閉網站後，才慢慢發現身邊有些朋友除了電子信箱和即時通訊軟體外，並沒有什麼社群帳戶。他們是打從一開始就不使用，不像我是為了遠離負面影響才停止。但是即使沒有使用社群網站，他們還是一樣能夠與朋友分享自己的生活，也一樣過得很充實快樂。

當然，網路本身也有正向的功能，例如查詢資料、做功課。擁有一兩個社群帳號也不是什麼問題，只不過不能讓這些環境扭曲了自己的心。

THINKING 4

捐出長髮

十九歲生日的前夕，媽媽突然傳來一個網頁。

我點入連結，發現那是一個為癌症兒童募捐頭髮的網站。

媽媽隨後問我：「要不要捐頭髮？」

當下，我望著自己長及腰際的頭髮，開始猶豫了。

小時候我有個好朋友，留著一頭全班最長的烏黑亮髮。她就像個小公主一樣，我一直都很羨慕她，所以，也試著把頭髮留得很長很長。

還記得國小時，我曾經不小心剪了一頭極短的髮型，外加一片奇怪的斜瀏海，讓我非常的難過，而哭了一整個晚上。自那時起，除了偶爾去修一修髮尾之外，我就再也不敢把頭髮剪短，更不敢剪瀏海了。

然而如果要捐獻頭髮，就必須剪下至少二十五公分的長度。

媽媽繼續鼓勵我：「可以幫助癌症的小朋友喔！」

看到這行字，我內心陷入更大的掙扎。

我很想幫忙，特別是為孩童們做點事情。媽媽果然深知我的罩門。

「好啦，我剪！」最後，我終於下定決心。

雖然如此，我還是很擔心自己不適合短髮。

就在十九歲生日，我準備去把頭髮剪掉之前，我的心裡莫名地焦躁起來。為了不要再重蹈國小時的覆轍，我在網路論壇上傳了自己的照片，希望能聽聽人們對新髮型的建議。

沒有想到，當時的一句簡單詢問，竟然又換來「妳長得好像太監！」「在考慮剪頭髮前，妳要不要先考慮整容？」「好醜喔！」等令我難過的話語。沒有人願意真心的回應我的問題。

傷心之餘，我不禁感到生氣。心裡想著，如果我當時先寫出剪髮是為了捐給孩子，會不會讓大家變得比較願意尊重我、或是友善一些？

不過，我也知道不應該如此。就算有重來的機會，我也不會這麼做。

即使再怎麼徬徨，能夠做決定的畢竟還是自己。最後，我仍然鼓起勇氣剪了頭髮，順便也剪了瀏海。剪完的當下，我覺得自己彷彿脫胎換骨、煥然一新，成了一個「比較好看」的人了。

彷彿有了一些自信的我，開始將社群網站、手機和電腦裡中沒有瀏海時拍的照片全數刪除，更逼著熊先生把他十分珍視的「沒有瀏海的我」的照片刪除，因為，我不敢回頭去看從前的那個醜陋的我、沒自信的我。

我就像一個整過形的女孩子，恨不得沒有過去、恨不得沒有以前的記憶。我只想把回憶全都抹去，也希望身旁的人只記得我狀態較好時的樣貌。

可是，這是不可能的事情。以前的我不可能不存在。

那一陣子，只要熊先生一拿出我從前沒有瀏海時的照片，我就會開始生悶氣，甚至和他吵起架來。我還曾經發訊息給爸爸，跟他抱怨熊先生為什麼要這麼念舊？是不是比較喜歡以前的我呢？

當時爸爸告訴我：「妳知道，他不是比較喜歡以前的妳，也不是現在妳的樣子不好看，而是因為，你們初識的時候，妳就是那副沒瀏海的樣子嘛。這是他心中初戀的樣貌啊！就像我最懷念妳媽咪的時期，不見得是媽咪覺得自己最美的時候。所以，問題並不在於美或不美，而在於那段回憶的意義和重量啊！」

我想我慢慢可以瞭解了。

簡單地說，那就像熊先生換新眼鏡的時候，我實在不是很習慣。並不是那副眼鏡不合適他，而是因為，那不是我一開始認識他時記憶中的印象。換個角度一想，我似乎也開始能理解他的感受了。

後來，我常跟我的爸爸說：「我覺得我有瀏海的時候，變得比較有自信耶！」

爸爸聽了，回答道：「這是妳的內心改變了。妳是真的變得很有自信了。我想現在的妳就算剪掉瀏海，還是會很有自信。」

這段話雖然並非立刻成立——有段時間，當瀏海掀開時，我仍會感到心慌，好像又看到過去的自己——但是，我很開心做了這個嘗試。只要想到自己的一點點心意，就能夠讓一名因為化療而失去頭髮、心情失落的小朋友綻開笑容，我就很滿足，因為這比什麼都值得。

THINKING 5

美的本質

什麼是醜，什麼又是美呢？

曾經，懷抱傷痛的我，總是邊哭邊想著：我討厭自己，因為我很醜。

但是，在這一句斷言之中，充滿了矛盾。

為什麼我會那麼討厭自己？美的標準是什麼？我覺得自己的眼睛不美麗、髮型不好看、臉型不完美……我覺得那都是自己的問題。但是，那會不會只是我在不知不覺間，吸收了太多「旁人的想法」所導致的自我錯誤認知呢？

我們常常都想要變得更好看一些，但是卻沒有去探究美的本質。

人類是視覺動物。看到包裝可愛的小東西，我們會忍不住想要購買；看到色彩繽紛的甜點，也會忍不住想要品嚐。外表亮麗的明星，總是吸引著我們的目光。當我們前往一個新的環境，或是出席某個正式的場合時，為了顧及初次予人的形象，也多半會特意打扮。更不用說，當我們遇到心儀的對象時，總會希望讓對方看見自己最美麗的一面。注重美、喜歡美的事物，本來就是很正常的事。

但是，如果過度注重外在的表象，就會忽略內在的真正價值。

在世俗的眼光中，對於美，似乎總有一套既定的公式。女生如果不按著這個標準公式打扮，似乎就只能淪為所謂的普妹，甚至是醜妹。

當然，這套公式會因為文化民情而改變，然而總是有一套規範存在。那就像化妝的妝法、服飾的穿搭，也分為主流的韓系、日系、歐美系一樣。

而直到現在，我才終於明白：真正的美，不該有任何公式。

不論是單眼皮還是雙眼皮，是弱不禁風還是體型壯碩，身高是高是矮，頭髮是長是短，髮型是自然還是染燙，臉上是素顏還是精心化好了妝，行事風格是拘謹還是粗線條，作風是勇敢還是膽小，性格是外向還是內向……這些只不過是每個人身上的特質，也是每個人之所以獨一無二的原因。

只要內心是善良的、是真誠的、是貼心的，或是見義勇為、溫柔待人、全心全意愛著家人與朋友，那麼，外貌上所表現的一切，不論在眾人的眼光看來是否美麗，又或者與世俗的美麗標準有多麼大相逕庭，都不能夠減損一個人天生本有的美好。

我們每一個人，都是如此獨特而美麗。

惟有懂得欣賞每個人的不同，才能找到美的本質。

微光小練習 1

為了幫助提升自信心，我平常起床後會做一些小練習。這些內容，可以依照自己的性格做調整。如果有的人比較害羞，就維持含蓄的風格也沒有關係，當然如果本來就活潑，那就加倍神采奕奕地練習吧！

♩ 早上起床時，伸伸懶腰、打個大呵欠，接著，請打起精神，大聲地對著自己說：「今天是個美好的一天！」不是「將是」「會是」「可能是」這種不確定性的字眼，而是篤定的「是」。因為，今天一定會是個美好的一天。

♩ 刷牙的時候，一邊張開嘴巴「咿」地刷著牙、檢視自己的牙齒，一邊向自己露出笑容，在心中默念：「我很棒！今天也一樣努力的往前邁進吧！」

♩ 換好衣服時，請望向鏡中，告訴自己：「昨天、今天、明天、大後天，不論他人怎麼看我、怎麼評論我，我就是『我』，我是獨一無二的我。他們再怎麼隨意批評、用奇怪的眼神看我，都讓他們去吧！我自己知道我是誰、我的家人朋友知道我是誰，才是最重要的事！」

某次鋼琴表演後，我與鋼琴班的好朋友合照。由左至右：Lea、我、Agathe。

親愛的你，
每一個每一個曾因為人言而受傷的你，
甚至是我自己，
請拋下所有既有的成見吧！
好好地去檢視自己一番。
當你的內心淨白之時，
你也會看到一個純粹、真實的自己，
而非經由不懷好意的他人所玷汙的你。
你是很棒的，請如此地相信。
因為，唯有相信，才能真正地落實。

THINKING 6

小鎮街角的善心

我常常會因為自己沒有辦法幫助到所有的人，而感到很難過。

我畢竟還是個中學生，當然，有時我可以用零用錢買兩片烤餅乾，和街友們分著吃，一邊陪他們聊聊天。但終究不是每一次都有足夠的零用錢能夠這樣做。

每當我看到路邊有特別多的街友，在街上盤腿席地而坐時，我心中總是有些猶豫。因為，我想對他們伸出援手，但又覺得力不從心。想到自己無法幫助到所有的人，總是愧疚自責。

還記得那是個冬天，我在布爾日小鎮的街角，看到一位神情堅毅的叔叔。

那天的氣溫實在有點冷，因此，我經過麵包店時，就決定要順手買杯熱可可給自己和那位叔叔。

後來，我只要遠遠一看到他，就會趕快轉進麵包店裡，順道帶個麵包或熱飲給他。我們一邊喝著熱飲，也會聊天，他感嘆自己失業，但也很高興地向我道謝，並且連連說道這個世界上還是有好人存在。有時，我必須趕著去上課，沒辦法停下來，但仍然會和他打聲招呼。

因為對我而言，他就如同一個朋友。而為他隨手帶份點心，就如同從臺灣回到法國時，總會記得帶個小名產給朋友般，一樣的自然。

後來有一天，那位叔叔告訴我，他找到了一家願意試用他工作的公司，他希望能夠努力試試。而自從那天過後，我便沒有再看到他了。

不過，我真的打從心底為他開心。我想，這代表他的工作已經穩定下來了。幫助一個人，對我來說就是在認識對方、與對方建立友情，而不是一種上對下的施捨。我也在心中思索，所謂的為善，並不必然要給予對方物質，與街友促膝長談也是一種幫助，說不定還能聽到一些感人甚至是富有意義的故事呢！

THINKING
7

善良也有原則

善良的人，並非是只光顧著給予而不懂得思考的人。

我想，善良應該是有原則的。

我總是想著要對每個人都一視同仁，就算有的人對我並不是很好。不過，當對方的要求不合情理、魯莽無禮的時候，也得學會適時的拒絕。

比如在臺灣時，我就曾經遇到有人要我替她洗衣服。當時，我雖然明知這個要求很無理，但卻沒有說什麼，還是幫她洗了衣服——大概是因為害怕吧？

直到後來我才回過頭來思考：所謂的善良究竟是什麼。

國高中時期，班上或校內的同學，因為誤解或是聽見負面傳聞而討厭我、對我敬而遠之。我不能說我沒有傷心過、沒有生氣過、不曾想要放棄過，但是至少當時我還是很努力地善待身邊的每一個人，即使對方可能不領情或不知情。

依稀記得國三時，在前往新加坡和馬來西亞教學旅行的飛機上，我替坐在身旁的女孩撿起她掉在地上的耳機。因為這個小小的舉動，為我們之間破了冰，使得與我不同班、且與那些討厭我的學生同為一群的她，竟然變得十分友善。

高一時，我也曾經陰錯陽差的和討厭我的女孩的兩位朋友，分配在同一個寢室。我和兩位女孩熟識以後，她們也會對我說起一些心事與煩惱。儘管平時在校園中，她們還是像對待陌生人一樣的對待安靜的我，但是，每當回到寢室時，她們還是會有貼心的舉動，比如留一些點心給我、把我拉回房間聊天，這些事情真的讓我很窩心，也很快樂。

在這些零星而可貴的相處中，我了解到，就算人們再怎麼誤會自己、再怎麼討厭自己、再怎麼不屑與我相處，我還是可以努力地保持真誠和善良的本質。這麼一來，對方也會對我有所改觀，並且願意與我親近。

即使在最艱難的狀態下，也要保持著愛心與善良。因為，真誠和溫暖，將能融化人與人之間的冰霜。

THINKING 8

微笑的魔法

笑容，是一種富有感染力、且能傳播愛的方法。

當我總是面帶笑容，身邊的人彷彿也會開心起來。

還記得不只一次，我在捷運上與老人家相對而坐時，總是習慣先對他們展露笑容。我的心裡滿懷著單純的喜悅，而對面的老先生和老太太也會回我一笑。我們之間並沒有太多交談，然而，他們在臨下車前，還是會特別轉過頭來，笑容滿溢地與我揮手道再見。

在這種時刻，我有一種很幸福的感覺。

不少人覺得向陌生人主動展露微笑是一件彆扭的事。而當陌生人對自己露出微笑時，感到不知所措，因此不做回應的人也很多。因為，人們擔心陌生人是出於某些奇怪的原因，才會向自己露出微笑。

然而，我卻非常確信微笑有它的魔法。

當這個魔法發揮作用時，一定能夠帶給他人心中無限的溫暖。

即使我對他人微笑時，不是每一次都能得到同樣熱情的回應，但我仍然倍感榮幸——我擁有微笑這種與生俱來的能力。

藉著這種能力，我正在傳遞一點點的光、一點點的愛，給與我僅有一面之緣的人們。當然，我也學會了對自己微笑。

每天早上，當忙碌的一天準備開始前，我會給自己一個鼓勵的微笑。

從前的我並不知道微笑能夠帶來如此大的正面能量。那時，我對自己毫無自信，別說是對自己微笑了，就連不小心見到鏡中的自己，都會感到萬分難堪。

那麼，我是怎麼開始喜歡上微笑的呢？原因很單純卻也有趣。只不過是因為，我在無意間發現自己有兩個小梨渦。

我很羨慕有酒窩或梨渦的人，因為我覺得這樣笑起來很可愛。當我發現自己有梨渦的時候，便也開始喜歡上自己的笑容了。

有時候，我們確實需要一些時間，才會慢慢發現自己的美好。而當我們終於發覺到自己的特色時，心中竟是那麼的愉悅。這份愉悅、這種對自己的全然喜歡，是一股非常強大的力量。

我的微笑變得越發地自然。爸爸媽媽也說，很喜歡看到微笑著的我。

THINKING
9

萬惡的三十秒

現在，每當我遇到困難時，都會試著告訴自己：「嘿，沒事的。我可以慢慢解決這件難事。」先從簡單的小事開始，再慢慢地加深對自身情緒的控管。

但要是說起從前，則不論是鋼琴發表會或是考試，我都會在上台前感到一陣緊張。那時，我不懂甚麼叫心靈喊話，只能呆愣地望著自己顫抖的雙手、不知所措的瘋狂心跳，和止不住發抖的雙腳，硬著頭皮走上台。

等到再長大一些，遇到同樣的情況時，我會設法讓自己冷靜。例如直截了當的對自己說：「黃明雅，妳給我冷靜！」或是：「妳真的很遜欸！這種事情為什麼要緊張？」甚至是把自己當成小孩子來安撫：「乖，沒事的。」

而最後這一個方法，對我來說是最能安定心神，也最容易控制情緒的方法。

久而久之，這就成為我最拿來管理脾氣與情緒的妙方。

> 為什麼我要練習管理自己的脾氣？因為，能夠自行消化負面情緒，不讓親愛的家人朋友為我擔心難過，是一種勇敢、成熟、善良的表現，更是一種愛的表現。

我的這個想法，最初的靈感來自於我的家人，尤其是我的爸爸。

爸爸就是這段話的最佳寫照。

從小到大，我的爸爸就是家中大小事的支柱。他常常告訴我，他不會把工作情緒帶回家。每當他下了班，不管再怎麼累、在工作場合上有多少委屈和負面情緒，他都會帶著笑容，迎面走向我和媽媽。我也鮮少聽到他抱怨工作上的事情。

回到家，爸爸會走過去抱抱媽媽，也會愉悅地跟我打招呼，然後一起吃晚飯、洗碗筷。他還會自動自發地去倒垃圾，不會因為工作勞累，就把家事丟著不管。

相對於爸爸的善於管理情緒，我則常常表現得煩躁和火爆，也就是爸爸口中那「萬惡的三十秒」。三十秒，就是我情緒從炸裂到爆發的時間，也因此經常讓身邊的人感到難過。

由於感覺統合等種種問題，使得我不知道該如何控制情緒，每當不舒服的情緒一來，不管三七二十一，我就會迅速掉入負面的狀態，對家人咆哮、瞪視，或是摔毀物品、放聲大哭。

而在這萬惡的三十秒過後，我又深覺無地自容，暗暗後悔自己的衝動。總是想著：為什麼我就是控制不住那三十秒呢？

而讓我立誓改掉這個壞習慣的事件，我一輩子也不會忘記。

記得那是高一某次段考的前夕，爸爸陪我一起算數學。我雖然喜歡數學，理解力和反應也算快，但是對於考試卻很不在行，常常對數學習題感到無力。

那天晚上，爸爸正耐心地教導著我，但我已經開始煩躁，不想再繼續聽下去了。我心裡覺得自己很笨，怎麼連一道題目都算不好，所以對自己生起氣來。

就在一而再、再而三地重新運算後，我終於按耐不住，拿起了橡皮擦，用力地擦掉錯誤的算式，直到把紙張擦破，我的眼淚也奪眶而出。我拿起數學習題本，用力地撕破，然後忿恨地哭了起來，吼著：「我不要再唸了！這真的很煩！」

沒有想到，此時爸爸竟然也跟著哭了起來。

每次複習數學時，我都會出現情緒失控，這實在令爸爸不知所措。他不曉得怎麼幫助我、怎麼陪伴我，覺得很是無助。

印象中，他從來沒有在我面前哭過的。

而我被爸爸的眼淚嚇了一跳，頓時從暴走的情緒中抽離，不斷地說：「爸比，對不起、對不起、對不起……。」

等到爸爸也平靜下來後，我答應他，我一定會努力改進，會趕在二十五歲前，成為一個讓爸爸、媽媽驕傲的人。至於為什麼是二十五歲呢？因為，爸爸曾經告訴我，二十五歲象徵了一個心靈完整成熟的年紀。

THINKING 10

道歉的人不是弱小的人

多數的人都認為，道歉就是弱小或懦弱的表現。

但是，我和爸爸並不這麼想。對我們而言，願意主動道歉的人，永遠不會是弱者，而是更體貼、更能夠去在乎他人感受的人。

為什麼呢？

當我們仔細的觀察，就可以發現人們以負面來看待「道歉」的原因。

在很多情況下，人們道歉常常只是為了要讓麻煩早早落幕，所以才用敷衍應酬的態度來道歉，又或者是為了規避責任，才不甘不願的道歉。

然而，道歉的動機究竟何在？什麼才是既真誠又負責任的道歉？道歉又為什麼是一種體貼的行為呢？如果我們的道歉是出於真心的反省，那麼對方絕對可以感受得到。不過，除了口頭上的「對不起」，道歉還要伴隨真切的行動。

這麼說是否有點抽象？其實很簡單！

讓我們用情境來思考與練習吧。

假設這一天，身為小組長的你正在和組員討論報告，發現自組的報告進度比其他組別落後許多。組員開始抱怨，而你也漸漸被弄得不耐煩了。

結果，一位組員丟下一句話：「算了，我不弄了，你們自己看著辦！」便想要離開。你感到自己的怒意慢慢上升，你覺得他非常不負責任。

但是，在這種狀況下，應該怎麼做才好呢？

善於控制脾氣，又能夠看清問題的人，會這麼說：

「你說的對。我們這組的進度，真的嚴重落後。對不起，身為組長，我應該要再更努力的！很抱歉，讓你在小組討論的過程中感到不愉快。當然，也謝謝你願意把這個問題提出來。讓我們一起把落後的狀況趕回來，好嗎？」

在這段表達歉意的句子中，傳達出幾層意義：

第一，身為組長的自己，確實應該更加努力。這是「事實」，也是「責任」。針對這一點去道歉，證明你深知自己的身分，也代表你願意對團隊負責。因為你能夠看清事實，也能夠發現問題，所以，就能夠真心誠意地說出抱歉。

第二，組長應該顧慮全體組員的心情。或許進度落後令他煩躁、或許他手上還有許多其他事情要處理，可是你們的報告進展卻卡在這裡；也可能只是他無法忍受大家做事散漫。因此，當你針對組員的心情道歉，進而對他表達感謝，不但能夠讓組員知道你在乎他的感受，也能緩和大家的情緒。一句「謝謝你」出口的同時，你的情緒緩和了，相信對方也是如此。而最後的「一起」把報告的進度趕回來，更是重要的一句話。因為這兩個字再度強調了你重視他、把他當作小組內的一份子，並且也傳達了你「希望一起努力完成報告」的決心。

那麼，萬一情況反過來呢？

當你是組員，而對方是組長時，你可以這樣說：

「謝謝組長。對不起，是我不對，我不應該發脾氣、不該隨意罵你們。看到問題的時候，我就應該要主動去做些什麼，不能是只出一張嘴。謝謝你們一直以來的努力，我知道大家都很辛苦，也有自己的事要處理，希望我們大家可以一起加油，把這份報告弄好。我也會努力把我的部份，盡可能地做到最好。」

在這段表達歉意的句子中，傳達出幾層意義：

第一，「謝謝組長」這幾個字，在氣頭上可能難以說出口，這也是人之常情。然而，藉由練習管理情緒，我們的內心會變得越來越柔軟，也會比較容易表達感謝。

第二，「對不起，是我不對」這句話很重要。勇於看到和承認自己的錯誤，是相當了不起的事。為什麼你不對？因為，你確實不應該亂發脾氣、不應該對組員不禮貌，所以應當為此道歉。當你看見自己的缺失，並勇於道歉後，接下來便要思考，你「應該」要怎麼處理才好。

第三，最後的「謝謝」以及「希望一起加油」，也代表了你對小組成員的在乎和重視。這將使得道歉變得有意義，而不再只是為了快點了結所做的敷衍。

一句簡單卻真誠的道歉，它的力量是很強大的。這絕對不會是不經思考、不願勇於承認自己過錯、弱小懦弱、不在乎別人感受心情的人會做的事情。

微光小練習 2

不論是什麼方式，只要能夠為他人帶來一點幸福和溫暖，就是一種善意。以下是我平常所做的小練習。

倒數練習：

每當我心情不好、感覺快要爆炸時，我會在心中默默倒數，藉此沉澱情緒。此外，我還有個進階的方法：一邊倒數，一邊動動腦，理性回想負面情緒的來源，並思考解決改善之道。剛開始一定很困難，因為，不高興的情緒很容易就會牽引我們，往非理性的方向發展。這個時候，就要很努力、很努力地讓理智慢慢恢復，主導整個局面。

為家人做的貼心小舉動：

在每一天的生活中，我們可以試著觀察爸爸、媽媽及家人的習慣。例如他們習慣什麼時候泡茶？喝什麼牌子的咖啡？能不能吃某樣食物？若不能吃，為什麼？當我們刻意的觀察並記得這些生活上的小細節，就能夠在適當的時候照顧到家人的需要。此外，平時幫忙分擔家務，在外地念書時好好照顧自己、不讓父母操心，也都是一種體貼的表現。

做人們的「傾聽者」與「分析師」：

傾聽者，就是靜靜地傾聽他人的心事，並適時地給予擁抱和支持。如果你與對方擁有相似的經歷，你會更容易理解他的煩憂，如果你不曾經歷過，那麼也請試著了解。

分析師，是從主觀情緒中抽離，透過客觀回想經歷、整理想法，提供對方思考的方向和建議。分析有時也能達到安慰的效果，不過，最好是等對方已經冷靜下來，或是主動尋求建言時，你再提供自己的看法。如果對方還有情緒、正處在難過之中，默默地當個傾聽者，也就很足夠。

珍惜與老人家相處的時光：

回到祖父母家或拜訪長輩時，我們可以試著傾聽他們人生豐富的經歷。每一位老人家的身上，都有許多可以分享的故事。與他們談話不僅能夠聽到父母小時候的糗事，有時也能聽到平時無從得知的歷史故事，甚至是祖父母年輕時勇敢冒險的故事。最重要的是，這麼做能夠增進與親人的感情，讓平時可能極為孤單的他們感受到滿滿的愛，體會孫子孫女圍繞在身旁的幸福。

THINKING
11

保護孩子

相信每一位家長在孩子成長的歷程中，都經歷過許多掙扎，而且總是為此輾轉思量吧！我的童年時期，曾經有過許多難過的經驗，在父母查詢打聽之下，終於讓我轉入一個相對「舒適」的學習環境——融合班，而漸漸變得開心起來。

在舒適的環境中，孩子能夠明白到，世界上仍然有溫暖善良、願意試著了解自己的人。因此，即使是個特殊的孩子，都能在平和的環境下快樂成長。

不過，從國小的融合班畢業後，我的父母思考我的未來，決定讓我回到一般國中就讀。因為他們知道，孩子無法一直待在保護殼中，當孩子慢慢長大，也仍可能遭遇到灰心的事情。

如果他們讓我留在舒適圈中，未來的我也許會因為缺乏與人應對的經驗，而變得更為憂鬱。說不定我會理所當然地認為：人們本來就應該因為我「特殊」的狀況而體諒、包容我啊！

過度的保護，將會使適應不良的孩子，轉而厭惡他人、埋怨社會，而不願意積極採取行動，努力使他人理解自己的狀況，並進而體諒他人因資訊不足而對自己的不理解。

所以，我贊成家長應該在孩子年幼時，為他們建造一層「保護膜」，讓他們度過一個快樂、安全的童年。但是，我也認為家長在孩子長大一些後，應該讓他們學習適應社會體制。

我感謝我的父母，做了將我帶離舒適圈的抉擇。

因為如此，因為這麼多的受傷經歷，更因為他們的開導，才使我成長。

身為一個「不一樣的孩子」的家長，最重要的是讓孩子們記得並且明白：家人永遠會張開雙臂，在他們悲傷難過時，給他們一個緊緊的擁抱，並且以溫暖和愛，默默地陪伴他們。

生命不可能永遠順利，但也一直都會有一道微光支撐著我們。這道微光，不只是父母和家人的愛，也是來自我們自己心中的能量和自信。

THINKING 12

一對一關懷

有些人主張應採取大家庭式的教育，把孩子們看成一個「大單位」來教導，而不是把孩子看作一個個的個體來教導。我想，這樣的做法有好有壞。

大家庭式的教育模式，因為全部都一視同仁，是一種標準的團體生活體制，所以能夠比較輕鬆的管理孩子。

然而，就算是普通的孩子，也都有不同的性格、特性，更何況是情形較特別的小朋友呢？

在教育的現場，往往存在著各種不同的現實因素，使得老師們忙得暈頭轉向，根本沒有多餘的心力一個一個與孩子交心、一個一個去因材施教。但是，我認為只要還有一點點空間，就應該努力地把孩子當成一個個的個體來培育。

另外一個不可避免的現象是，身為老師的人，有時也會特別親近、疼愛某些孩子。也許是因為這個孩子的性格和自己相近，本身就處得好；也許是對於這個孩子的特質，較有陪伴和教導的經驗等等。而孩子本身也可能會有特別談得來的師長。

其實這是很平常的事情，它並不代表老師就不在乎、不喜歡其他的小朋友，或是某位小朋友就對其中一位老師有什麼意見。

這只不過是人性的本然而已。

因此，順著這個觀察，我反而認為應該要允許或鼓勵孩子，去找到一位（或多位）自己能夠完全信任的老師。老師們也應當對孩子的選擇持開放態度。這麼一來，老師將更能全心全意地去陪伴孩子，並且也能夠兼顧班級裡和樂的氣氛。

還記得小時候在融合班裡上課，班上就有三位導師，我們也分成不同小組上課方式，可是這樣的做法下，我們班級的凝聚力卻是數一數二的好，並不影響孩子們的關係。

利用一對一關懷的方式，可以使孩子更容易發覺並壯大自己的優點，也更有助於以溫暖柔和的方式，陪伴孩子慢慢地改善自己的缺失。事實上，在這樣的教育環境中，還可

以教導孩子去明白一個重要的事理，那就是：人們總是傾向於跟自己意氣相投的人聚在一起，這是合情合理的事，然而，這不代表應該排拒與自己不同的人。因為，即便是再怎麼不一樣的人，還是能夠做朋友，還是有與自己成為朋友的渴望。我們也該敞開心胸，去接納、去愛與自己不同的人，進而與他們一同學習。

只有如此，孩子們才不會總是覺得老師偏心，覺得受到冷落。

當老師們達成共識，便可以兼顧因材施教，與大家庭式的博愛教育。兩種教學方法共同實行，並不是不可能的事情。

THINKING 13

融合的小圈圈

當我們遇見一個不認同我們，或與我們不太一樣的人（學生）時，我們在下意識中其實會變得難以包容、也缺少同理心，更別說要接納這些不同的人，進入我們自己的小圈圈內。即使是曾經受到排擠的我，也不一定能夠避免這個盲點。

因為這個緣故，人們對於「小圈圈」的存在，往往抱持著負面的觀點。所謂的小圈圈，在校園中最壞的情況無非是「霸凌事件」。

但是，此處所說的「小圈圈」，只是中性名詞。它代表著一群志同道合，或是性格相似的人們，因為興趣或個性相投而聚在一起。縱使自成一群，仍然能夠與其他的圈子開放交流。

每一個環境、場合中，都存在著無數個性質不同的小圈圈。如何讓每個看似性質相異的團體，既能快樂地在自己的舒適圈裡徜徉，又能與其他圈子互動？如何讓那些因著獨特的性格而遭到排斥的人，在保有自己獨特性的前提下，也能夠融入團體？

惟有在讓孩子理解「小圈圈」的這種人性常態之後，仍然能感受到被接納與被包容，感受到人際間的關懷與信任，所謂的大家庭式的教育方式，才會真正發揮作用。

在大家庭式的教育環境中，那些「不一樣的孩子」、那些「怪胎」、「邊緣人」，甚至是一般的孩子，都有可能會遭遇錯誤的對待。他們其實各自不同，卻被迫歸類，被冠上「沒救」、「干擾秩序」、「壞孩子」的標籤，而放棄給予關愛。惟有試著向他們釋出溫暖，並教導孩子去理解這些較為特別的小朋友們的「不一樣」，才能實現真正的「大家庭」的圓滿。

THINKING 14

不如先給孩子快樂

記得二〇一六年暑假，回臺灣帶領臺南房角石兒少關懷中心的營隊前，我曾和爸爸談了很久。

我問爸爸：「營隊只有短短一、兩個星期，我們究竟能帶給孩子們什麼？」

爸爸說，一兩個星期的時間過於短暫，我們沒有辦法帶給孩子們太多，但是至少能夠帶給他們快樂的回憶。與其想東想西，總是牽扯深層的品格教育，不如讓他們快樂的度過這一兩個星期就好。

我的父母一直都相信，快樂的回憶和愛，是很大很大的能量。雖然說起來好像沒有什麼，但是，那卻是能夠在孩子面對困境之時，支撐孩子度過難關的重要因素。也因此，當許多同學的家長望子成龍、望女成鳳地督促著孩子們的課業時，我的父母始終不對我的成績有所要求，他們只期望我能夠瞭解到：唸書是自己對自己負責，分數從來就不代表什麼，最要緊的是過程。

本來，在帶營隊之前，我和兩位朋友——小鈺和小柔，是希望能在營隊中，教導孩子學習「善良」以及「尊重每個個體」這兩件事。但是討論到後來，我們發現，真的沒有辦法在這麼短的時間裡，注入這麼多的元素。

所以，我們最後就以「快樂」為目標，盡量地豐富他們的體驗。

由於營隊的主題與內容可以完全讓我們發想，因此，我們在活動安排上也相對有彈性。透過戲劇、音樂和美術，我們開啟了孩子們的想像力和創意。

每一天，我們都會觀察孩子對活動的反應，並且加以調整。孩子並不一定要參與每一個活動，而是可以根據自己的興致，去選擇適宜的內容。如此一來，在團隊合作和遊戲之間，他們就能找到活出自己的快樂與成就感。

這讓我想起爸爸曾經說過一段很有道理的話。他說：「快樂，何嘗不就是善良的一種形態？懂得發自內心的快樂、懂得因為努力做某件事情而得到的快樂、懂得因為幫助他人而得到的快樂、懂得因為愛人而得到的快樂，這些，都是很難能可貴的。這不也讓孩子間接地學習到了，什麼是善良嗎？」

而我相信，這便是無須刻意強調，也能成就的品格教育。

THINKING 15

勇敢地做個不一樣的人

人們總是希望自己的孩子能夠做個「正常人」。

可是，究竟什麼才是「正常」，而什麼又是「不正常」呢？

對我而言，這個世界是設計給所謂的「一般人」的。也因此，有著「看不見的障礙」的人們，在這樣並非設計給我們的世上生存，必定會有程度不一的困難。

可是，這並不代表這些有著「看不見的障礙」的人們，便是「不正常」。

我們只是比起一般的人們在生活上普遍地有較多的難處。不過，一般的人們，不也有其他不同種類的困擾嗎？

當一個人在成長的過程中，因為感受到社會和環境的壓迫，而對自己產生了質疑，甚至對於自己的不同感到難堪；當身為父母的人，因為冀望自己的孩子不要「造成他人困擾」、不要「不合群」、「不聽話」，而心急如焚，那意味著什麼？

如同人們的審美觀被商業和媒體綁架、被制約為單一標準一樣，人們心目中所謂的

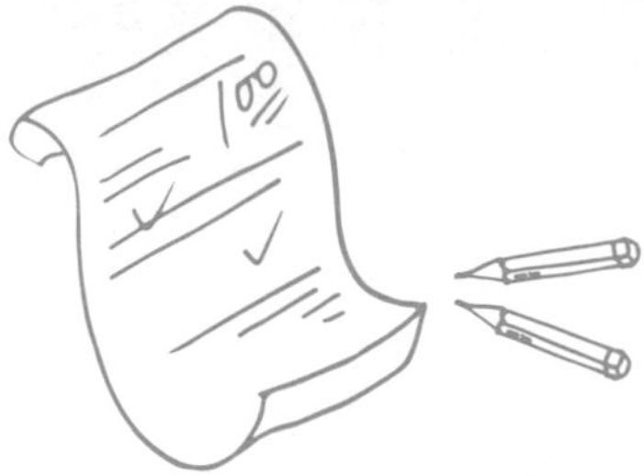

「正常」的定義，也正無形地受到桎梏。

而這一點，或許和我們的教育模式有些關係。自幼，我們總被要求要「乖巧」、「聽話」、「安靜」、「守秩序」，就是不要問為什麼。當我們一發問、一施展好奇心、一多說了自己的想法與意見、一變得活潑、一開始自行思索事物，而非照著大人的命令去行動，就會被視為是異類、怪胎。

可怕的是，不僅是自詡為「管教者」的成人，會把這些特別奇怪的孩子，當成是討人厭的小怪咖，就連孩子身邊同年齡的同學，都握有某種程度的「管教權」，而在無形中形成壓力。

孩子或許多話、或許時常不專心、或許太過於活潑；

孩子或許總是過度專注在自己的小宇宙、或許在與同儕相處上有困難；

孩子或許只對單一的事物展現興趣，而對其他事情興趣缺缺；

孩子或許比較需要幫助、或許如此、或許這般……

但是，他們是還在成長中孩子啊！

當然，所有的父母都希望自己的孩子能夠融入環境和人群、能夠「正常」地活著。但是請不要忽略，更渴望融入的其實是孩子本身。

在這層層目光帶來的「不一樣」的標籤之下，我們何不試著去發掘孩子身上深藏的優點？

ADHD 的創意、求知慾、舉一反三、快速的反應力；

亞斯柏格的專注力、洞察力；

肯納星星兒的善良、純真；

感覺統合失調的高度感知……

在人們普遍認為的「困境」、「不一樣」以及「不正常」之中，仍然存在著好多好多美麗的特質和優點，值得我們深入地探索。

這些都是一般眼光下，不容易看到的特質。

擁有「看不見的障礙」，的確會為我們帶來生活上種種的不便。然而，我始終認為，「看不見的障礙」不能做為我們推託或逃避人生的藉口。除了期待社會對這樣的我們能有更多的了解、包容和接納之外，我們自身也必須努力地去幫助社會改善，幫助人們去了解。

當然，我仍在繼續努力，盡可能地改善自己生活上的困難，並減少與人相處時帶給別人困擾。不過，現在的我已經明白，是這些「不一樣」的特質與經歷，造就了我最珍貴的獨特性。

不做「正常人」，我只想為自己而驕傲。

微光小練習 3

以前的我，在還不理解感覺統合及亞斯伯格的問題時，不僅不知道如何向他人解釋我的狀況，也經常讓他人覺得我是一個難相處的人。但是，當我漸漸理解自己的狀況後，也相對地學會了包容他人。以下是我平常所做的小練習。

- 有時候，眼見並不為憑。當我們看到對方有「不好的舉動」時，很有可能會生氣動怒。可是，如果我們緩個一分鐘，再試著仔細地觀察情況、去聽聽對方怎麼說，先了解事情的來龍去脈，再想下一步要怎麼處理，或許，就可以避免很多的誤解。評斷一個人之前，請記得停下來，思考對方為什麼會有某些反應或舉動。而分析狀況後，我們也可以進一步想想該怎麼做才能幫助對方。

- 我本身很喜歡思考，也喜歡記錄想法，所以隨身都攜帶著小本子。在想法冒出的當下，我會趕快寫下來，等到心緒沉澱之後，再把同樣的內容思考過一遍，接著再次寫下，看看這次有沒有甚麼變化。如果沒有變化，我會想想：為什麼自己還是有一樣的想法呢？如果想法改變，我也會想想：這到底是為什麼呢？我有時也試著把不同時期的想法畫成表格，加以分析。這麼一來，我的思考就會更加靈活清晰。

THINKING 16

音樂，是句點，也是逗點

二〇一七年六月九日，星期五。

經過了一整學年的練習，就在今天，我將站上音樂學院和布爾日演藝廳共用的大舞台，完成音樂學院的結業考試。

這一整年，由於剛好同時是我高中生涯的最後一年，因此格外忙碌。在這一年的練習中，我常常疑惑著自己是否能達到老師的要求，也有同樣就讀高三的朋友，向鋼琴老師提出放棄考試一事，而我也差點也要做出這個決定。

但是爸爸和布諾一直鼓勵我，希望我不要輕易放棄，我也因此努力地堅持到最後。

這場鋼琴考試和以往的考試很不同。

熊先生當年考試時，準備的是一首指定曲和其他幾首自選曲。可是打從去年開始，考試就變成一場小型演奏會，每個考生必須準備一個主題報告，除了演奏鋼琴外，還要呈現一齣小劇場。有些學生是編故事，把劇情和選曲串聯在一起，有些學生純粹介紹作曲家和演奏曲的背景，有些是邀請觀眾一起參與等，我選擇以影片的方式呈現。

在製作及思考內容的過程中，我遇到了很多瓶頸，舉凡法文錯字繁多、語句表達不夠好、報告呈現的影片製作不夠精確等，常常需要修改。

這些過程，確實也讓我感到勞累。

在考試前兩天，布諾告訴我，他還是覺得我準備的講稿，可能會因為我不夠標準的法語口音，讓觀眾聽不太懂，所以我又臨時更改報告影片，整個人陷入極度的焦慮之中。

不過，這一路上，布諾都特別地幫忙。他知道我的狀況和其他考生不同，由於我是外國人，加上法國高中學測等，自然需要更多幫助。布諾幫我找了一個字正腔圓的人工智慧人聲，將我的講稿輸入後，得到一段現成的解說音檔。我再將這些音檔放入我的影片中，做出了最後版本的報告。

考試當天，我是最後一個上場的。

我一直都很害怕壓軸，因為越是等到後面，就越容易被前面亮眼的演出影響。儘管如此，我還是登上了人生第一次的大舞台。我的背後是一面大螢幕，就像電影螢幕一樣，播放著我準備的影片。

上台後，我先自我介紹一番。由於我的口音還無法讓人完全地理解我想解釋的學術性內容，所以，我必須講得很慢，要刻意的咬字，表現得字正腔圓。平常與朋友聊天我是沒有問題的，但因為上台會怯場，加上我平常講話速度很快，所以我也使用了虛擬的人聲來幫助我講解。這個虛擬的人聲，還有個名字，叫做Pizzcato，在小提琴的術語上，意指「撥弦」。除此之外，我只要專注在音樂的彈奏上，不用說什麼話。

𝄞

大舞台的好處就是台下一片黑暗，我不會看到觀眾們的臉，也因此不會被他們聽演奏時的表情所干擾。這讓我比較沒那麼緊張。

我一共演奏三首曲子：莫札特的《D小調幻想曲》、法朗克的《前奏曲》、《賦格》和《變奏》、德布西的《第九號前奏曲》。

莫札特還算順利，即使有些小錯音。法朗克是首長達十分鐘的曲子，一共有四個部分，尤其賦格特別難背。我是一個容易分神的人，尤其是當我正專注演奏卻聽到咳嗽聲或是說話聲，我就會腦中一片空白。我在彈奏賦格的段落時，出現了很多錯誤，後來聽熊先生和布諾說，他們在這裡為我捏了把冷汗。法朗克的曲子其實原本是寫給管風琴演奏者的，因此格外困難，尤其我的手很小，而這首曲子最困難的地方，就在於我的小手無法同時按到每個琴鍵。德布西則是完美的結束。

整場考試從晚間七點半一直進行到十一點。等到我的演出完畢後，全體學生就到音樂院大廳等待評審的結果。

在大廳，我看到寄宿家庭的阿姨也來了，還看到了我今年的新曲式分析老師。老師過來與我分享感想。他是一位很有學問的老師。認識他是在今年暑假回到法國的事，我一直以為他是一位很嚴肅且不太說話的老師，沒想到這天晚上我們突然變得很熟，原來他是一位很可愛、表情生動的老師。老師稱讚我的演奏很有爆發力，他說他被我的演奏嚇了一跳。

我很害羞，沒多說什麼，就是一直說謝謝。

布諾在人群中找到我，他走過來告訴我：「無論結果如何，妳今天真的很棒。」沉默了幾秒，他又說：「我知道妳一直對自己沒有自信，但是今晚妳所有的表現，就是來自妳對自己的相信。這種精神，妳將會受用一生。」

等到評審和音樂學院校長出來報告考試結果時，差不多已經是晚上十一點半了。

校長按照考試結果的等級，依序發表考試結果。

依照成績，共分成幾個級數，第一級是「過關，好」、第二級是「過關，非常好」，最後則是「過關，非常好，評審祝福」。

首先，校長喊了幾位「過關，好」的學生。

接著是「過關，非常好」的學生。我賣力地為他們拍手，一邊掩飾自己越發擔憂的心情。我等了好久，一度害怕校長沒有唸到我的名字，心想，是不是我沒有過關，所以他不打算唸到我。

最後，校長的目光開始在人群中尋找我。

「Miya……Miya 在哪？Miya，」他露出一個遺憾的表情，我內心已經準備好要接受自己沒有過關的事實。

然而就在這一刻，校長展露出微笑。我一直覺得他長得像和藹的老爺爺，尤其是笑起來的時候。

「Miya，妳過關了，得到非常好的成績，以及評審們的祝福。」

嘩！

我居然是全場唯一拿到這個特別殊榮的學生？

「什麼？」

我愣愣地看著校長，不敢置信。

他示意我站出來一點。我眼前一片模糊，我聽到人們在身旁拍手，但思緒已經飄遠。

我轉頭找尋布諾，他對我露出微笑、熊先生則露出驚訝的表情，也對我綻開笑容。站在我身旁的鋼琴班同學蕾雅給了我一個大大的擁抱。

我嚇呆在原地。

公布成績後，布諾來到我身旁，我看到他在擦眼淚，還打趣地跟我說：「妳看我感動得都哭了。」

我拍拍他，要他不要哭。布諾要我去找評審請教建議。評審也給了我很多有用的建議，令我受益良多。之後，我找布諾和曲式分析老師照了張相。我很喜歡照相留存記憶，然後影印下來貼在筆記本裡面。

其實，從小到大我不曾得過第一名或是什麼殊榮肯定。也幾乎很少受到同儕或師長的稱讚。總覺得我會做的事情不少、喜歡的事情也不少。可是好像沒有一項是最頂尖、最專精的，我常常會覺得我好像沒有一件「真的可以代表自己」的專長。

小時候經歷過的事情，慢慢地讓我變得越發沒有自信，也因此，我不管做什麼，第一件事就是否定自己：彈琴總覺得自己彈得不夠好、寫作也覺得自己寫得不如人、英文好像不比別人精通、法文也不怎麼樣……布諾就常常唸我，怎麼我這麼沒有自信、一直貶低自己？

我也不想如此，但都會想起以往的事情。不論是同學懷疑「像我這樣的人」怎麼可能做得到、以前的老師疑惑著「明雅的程度，應該演奏不了某某曲子吧？」等等。每當我懷疑自己時，回憶就回來騷擾我。

但現在，以往我覺得做不到的、沒信心的，甚至屢次嘗試卻一直沒有成功的，無論是文字創作、鋼琴演奏，還是音樂即興，好像每一件事的成功大門，都慢慢地向我敞開。以前覺得自己絕對無法做到的、覺得自己一輩子不會成真的夢想，都在慢慢地往好的方向發展。這絕對是之前的我不曾想過的事情啊！

前陣子婆婆為我求了一支籤，上頭寫到：籤詩百，數已終；我所知，象無凶；禱神扶、借陰騭；危處安、損中益。

我沒有特定的信仰，但是全家都覺得這支籤很有道理。我因此把它當成一種激勵。

爸爸告訴我籤裡的意思。他說：

「這是第一百支籤，是最後的籤，是前面數字的終點，也是後面數字的開始。因此，前面一路走來，會有豐碩的成果；新的事情，也會有無窮的機會。當妳保持堅定且有誠意，當妳對於他人不合理的對待或是過錯，懂得了寬容和原諒，才能配得上這般好的眷顧。縱使有些時候，事情可能不是照妳想要的方式進展，但那其實才是最好的安排、是對妳最好的事情，反而會讓你在危機和挫敗中產生力量。」

是啊！我也相信，爸爸媽媽和在乎我的人們，都看到了我的努力。

爸爸與我

每個人都是獨一無二的。
當我們放緩腳步，多傾聽、多包容，
或許就可以讓那些誤解的、不被接納的、
不被認同的心靈，重新感受到愛。
不只是對於需要幫助的人們，我們能夠如此，
即使對待身旁的人們，我們也該如此。
在我們努力去觀察、去愛的同時，
也就能夠默默地體諒
並幫助到一些可能有需要的人。

Afetrword

後記

讓我們努力去愛

反覆思考著該如何寫下最後這一段話。畢竟，這一路上，有太多需要感謝的人。對家人的感謝，已盡在不言中，我相信他們都知曉。

這次得以出書，最感謝的是遠流出版社副總編輯莉苓阿姨的肯定，以及編輯台的雅茹姊姊與哲誌哥哥所給予的幫助及用心。

一直以來，我嘗試將自己的特殊經驗和思緒化為文字，希望能藉此傳遞一絲溫暖給需要的人們。我曾經迷惘過、挫折過、受傷過，也曾多次嘗試投稿，但無論是文字或音樂創作，從來沒有得到任何結果。這不禁使我懷疑起自己努力的意義何在。然而，如同爸爸經常對我耳提面命的：只要繼續努力下去，過程的本身，就會帶來收穫。

而就在那無數次的振翅之後，終於，我得以飛近自己的夢想：出版自己的著作。

我出生時的小手與小腳。

我的哲學老師，曾經說過一段古希臘哲學家蘇格拉底的故事。

蘇格拉底勇敢地正視自己的死亡，是因為他對於未來，始終抱持一份冀望。他明白自己的所作所為無法在第一時間看見成效，無法使人們的世界立刻變得更好；但他從未放棄，只因深信眼前的努力，終有一天會得到回應。

現在的我，也是這般的心情吧。縱使沒有蘇格拉底那般偉大的智慧，但是我瞭解到，自己堅持不懈的理想，有它一定的意義，總有一天，這份光亮會照暖人心。就算過去他人對我的想法不能理解、帶著質疑，甚至用言語將我推往心碎的崖邊，但是，我不需要再害怕了。

謝謝讓我越發勇敢的你們，
謝謝所有讓這本書成真的你們，
謝謝，願意閱讀本書的你們，
你們每一個人，都是我的小太陽。

黃明雅

二〇一七年　寫於法國布爾日

求助資源

若在校內遭到霸凌，你可以這麼做：

■找心理輔導室老師或是信任的老師談一談。

■撥打教育部二十四小時反霸凌投訴專線（0800-200-885）請求協助。教育部「防治校園霸凌專區」網站上，也可以查到所在縣市的反霸凌投訴專線。

■透過「心地好一點，霸凌少一點」網站（http://nobully580.com）上的「我想要聊聊」視窗，向線上輔導團體（生命線、張老師、兒童福利聯盟、婦女救援基金會等機構），尋求免費輔導諮商。

■撥打「踹貢少年專線」（0800-001-769），這裡提供免費的通話服務，陪伴受挫折的青少年走過低谷。

■若遭遇網路霸凌，可以向 iWIN 網路內容防護機構（02-2577-5118）或白絲帶關懷協會（02-8931-1785）請求幫助。

■透過臺灣展翅協會「網路幫幫我諮詢熱線」（http://www.web885.org.tw）網站中的「我

要諮詢」表格，填寫你的問題，申請諮商。也可以閱讀相關主題的諮商文章。

若你的孩子可能有感覺統合障礙的問題，你可以這麼做：

- 首先，先到醫院的兒童心智科，讓醫師評估確認情況。
- 醫師評估後，如有需要，可以到職能治療師那裡接受治療。（上網搜尋各醫院的職能治療部門，即可得到資訊）
- 除了職能治療，還有藝術治療、音樂治療、心理諮商等方法，都可以嘗試。
- 有一些小物件可以幫助孩子重新穩住情緒，比如：

+可以隨時在手上把玩的小東西：迷你公仔、指尖陀螺、按鍵小方塊、小沙包、各種材質觸感的小球。

+重力毯：也有背心形狀的重力毯，藉由重量讓孩子平靜，穩定情緒。

+威爾巴格刷：輕輕地刷過孩子的肌膚，對某些孩子可以發揮安撫效果。

+噪音隔絕耳機或耳塞：對聲音過於敏感的孩子，可以在外出時攜帶，當孩子受了過多聽覺刺激，可以為孩子戴上，讓他感到安心。

＋精油或孩子喜愛的氣味小物：若孩子對味覺敏感，當他聞到令他不安的氣味時，可以讓他聞聞精油或氣味小物，紓緩他的恐慌，幫助他安定情緒。我平常也會隨身攜帶一塊氣味醇郁的檜木，緊張或是恐慌時就會拿出來聞一聞。

●相關書籍：

1.《搞懂孩子的感覺統合問題》木村順、小黑早苗／合著
2.《教養，從讀懂孩子行為開始》田中康雄／監修
3.《感覺統合遊戲在家輕鬆玩》黃謙、張文瀚、許翠端、廖笙光／合著
4.《阿鎧老師十天就看到成效的感統遊戲》張旭鎧／著
5.《如何幫助學習困難的孩子：敏感、分心、笨拙孩童的感覺統合治療》鄭信雄／著
6.《突破孩童學習障礙：暴躁、好動不安兒童的感覺統合治療實例》鄭信雄／著

我的愛書單

我平時很喜歡閱讀，閱讀可以刺激我進行更深入的思考。以下特別挑選幾本我珍藏的愛書，分享給讀者。

1.《如何愛孩子：波蘭兒童人權之父的教育札記》 雅努什・柯札克／著

我很喜歡柯札克在這本書中提出的許多引人反思的教育理念。柯札克以筆記的方式，將自己和孩子相處的情形攤開在讀者眼前，其中不乏他在教育上曾經犯下的失誤，他並不會羞於承認自己的過錯。本書分成「家庭中的孩子」和「收容所、夏令營和孤兒院中的孩子」兩部分，第一部指向家長，第二部指向教育人員。對於陪伴孩子的父母親，或是在校園內教導孩子、與孩子相處的教育工作者，都十分有幫助，是一本讓我一看再看的好書。

2.《反抗者》 卡繆／著

我正在閱讀法文版的《反抗者》。卡繆在本書中講述他對於「反抗」的看法，並舉出各種例子加以佐證。「我反抗，故我在」，他是這麼說的。在卡繆的眼中，反抗是唯一對抗「荒謬」的方法。其中有許多概念讓我反思，包括：人為何反抗？我們是否能夠不計一切代價的去反抗？在社會上，甚至在單純的日常生活之中，存在著不少讓人無奈的事情，為了維持某種社會規範，我們受到打壓、受到不公的對待，這種時候我們應該為自己挺身而出。但是為了遵循社會規範、為了避免惹事生非，我們到最後往往選擇了默不作聲。這麼做真的好嗎？在閱讀完這本書後，相信你會有全新的看法。

3.《每個孩子都是問題兒童》 中川李枝子／著

中川李枝子女士以她溫暖的筆調，搭配療癒的插畫，創作了這本獻給每一位母親的小書。我在書店偶然翻閱到此書，非常喜歡，便立刻買下來當作送給媽媽的禮物。裡頭有許多溫柔的故事，向母親們傳達孩子對她們的愛，讓她們在照顧孩子勞累之時，可以翻開來讀一讀，重新找回對孩子的耐心與信任。這是很可愛的一本書。

4.《回應他者：列維納斯再探》 賴俊雄／著

這本書是我在查詢我最喜愛的哲學家列維納斯（Levinas）的資料時，無意中發現的書。本書以深厚的哲學底子，探討列維納斯的「他者哲學」，這是我非常喜愛的理念。

5.《不乖：比標準答案更重要的事》 侯文詠／著

在這本書中，侯文詠先生將發生在自己身邊的實際事件，以溫暖卻又不失詼諧的語調記錄下來。藉此提醒讀者，其實在很多時候，比起一味的順從，我們更應該勇敢地追尋夢想，活出自己。書中也探討到失敗、快樂、思考等主題，對我而言，這是一本能夠輕鬆閱讀，卻又有所斬獲的哲思書籍。

6.《曾經》 愛亞／著

如果要我在從小到大讀過的無數本書中，挑一本文學作品陪我浪跡天涯，我一定會選擇這本《曾經》。書中描寫的是一段對我來說極為遙遠的純真質樸年代。書中有趣之處，在於作者以不同的語調、口吻、觀看視角，來表現女主角芳儒不同的年齡階段。芳儒回顧國小的時候，完全就是以小學生的口氣來敘說。我在國中的圖書館裡第一次邂逅了這本書，當時最有感觸的段落，當然是芳儒的國小、國中時期。長大以後，我在書店再次發現它，便毫不猶豫地買下來收藏。

這本書，我前前後後讀了至少六、七次，每一次都有新的感觸。現在則是擱在媽媽房間內的梳妝台上，借給她閱讀。如果要用一句簡單的話來形容女主角芳儒的生命主題，我想那應該是「成長和愛」吧！相信這本書適合每個年齡層的讀者，而每一位讀者一定也都會在書中發現感動之處。

7.《秋葉》　歐陽子／著

這本書是歐陽子女士的短篇合集。我一直都很喜歡讀短篇，這本書我也反覆讀過好多遍。歐陽子女士很擅長描寫角色的內心掙扎和扭曲，我特別喜愛書中對角色內在的刻劃。縱使對於角色的外貌並沒有太多的著墨，但是讀者仍然能夠從他們的心理，想像角色的全貌。

8.《嬰兒整形》 秀赫／著

這是一本令我感到震撼的小說。它的題材新穎，探索美的價值與定義。小說的時空背景設定於二〇〇九年。在一間擁有高科技、可以預知嬰兒日後外貌發展的整形醫院中，身為畫商的男主角與他的妻子，決定讓尚未滿月的女兒接受嬰兒整形手術，以確保她將來會長成美麗的樣貌。後來女嬰日漸長大，在路上被星探發掘，而她因為想要變得更美麗，動了整形的念頭，全然不知自己兒時已經做過整形手術的事實。

作者以父親、母親、女兒以及整形醫師四人不同的視角穿插敘述，拼湊出故事的情節，也帶出對於「美」的深層思考。書中可以讀到作者深厚的藝術造詣，他筆下的人物對話，有許多關於名畫的評論，也談到了畫作帶來的感受，並間接地論證「美」是什麼。讀完這本書，或許大家會對於所謂的「美」產生不同的看法。

9.《小盒子裡的大幸福》 蘇珊娜・威提格／著

在這本描寫烏鴉維克多與母牛夏洛特相愛的獨特故事中，可以讀到跨越種族的愛。這本書來自某一年夏天學校提供的閱讀推薦書單。我被可愛的書封吸引，順手翻開了它，沒有想到讀到最後竟然掉下了眼淚。印象中，當時我只是個國小學生，可是卻意猶未盡地一看再看。烏鴉與母牛之間的愛是如此的特別、如此的深刻，在薄薄的幾頁書頁中，蘊藏著厚重的情感。雖然現在我找不到這本小書了，但是每當回想起裡面的故事，我還是覺得好感動、好想哭。

這本書很適合用來教導孩子何謂「愛」，並且能教導讓孩子不應對人懷有種族歧視，因為，每一個人，無論是什麼國籍、什麼性別、皮膚是什麼顏色，都有愛與被愛的權利和義務。

10.《異鄉人》 卡繆／著

這本書被列入法國高中二年級學生的必讀書單，我當時閱讀了法文版。許多同學都覺得這本書的主角莫梭很奇怪，因為他畏懼陽光、對母親的死亡並未表現出難過之情、不擅交際、殺了人以後也不為自己辯護。但是，我卻特別能夠理解莫梭。我讀著卡謬對莫梭的描述，馬上就能指認出哪些是與「感覺統合障礙」相近的特質。也因此，這本書成了我很喜愛的一本書，我享受著它和我的秘密連結，主角有時彷彿就是我自己。

書中的情境，也體現出卡謬所欲表達的「人總是受到社會無形的桎梏」這樣的主題。莫梭沒有為母親的死亡哀痛，在多數人眼中，這是不孝；莫梭幫好友寫信，責備好友的女友不忠，在人們眼中，這是挑撥離間。社會上總是有各種各樣的既定標準，而人們也憑此標準，劃分出何為「正常」何為「不正常」。只要有什麼地方與別人不同，莫梭就會被指責、被訕笑、被厭惡。可是，我們拿什麼資格來評斷他人的靈魂？即使是律法，也無權如此。

11.《你就這樣幾小時地聽著雨聲》 莫里斯．卡雷姆／著

這是一本很美的詩集，也是我閱讀的第一本詩集。作者以音樂性的筆調，寫下一首首美麗的詩作。不知道為什麼，讀完這本詩集以後，我的內心總是感到一種獨特的平靜。

國家圖書館出版品預行編目 (CIP) 資料

微光小太陽 / 黃明雅著 . -- 初版 . -- 臺北市 : 遠流 ,
2017.08
面 ; 公分 . -- (綠蠹魚 ; YLH14)

ISBN 978-957-32-8032-3(平裝)

1. 成功法 2. 自我實現

177.2 106009821

綠蠹魚 YLH14

微光小太陽

作　者 —— 黃明雅
副總編輯 —— 陳莉苓
執行編輯 —— 張雅茹
封面設計 —— 萬亞雰
版面構成 —— 季曉彤
內頁排版 —— 陳佩君
手繪插圖 —— 李　為
行銷企劃 —— 張哲誌

發 行 人 —— 王榮文
出版發行 —— 遠流出版事業股份有限公司
100 臺北市南昌路二段 81 號 6 樓
郵撥 —— 0189456-1
電話 —— (02)2392-6899 傳真 —— (02)2392-6658
著作權顧問 —— 蕭雄淋律師

2017 年 8 月 1 日　初版一刷

售價新臺幣 280 元（缺頁或破損的書，請寄回更換）

ISBN 978-957-32-8032-3

YL*lib* 遠流博識網
http://www.ylib.com　E-mail: ylib@ylib.com